首相就任後、初の記者会見に臨む
田中角栄（昭和47年7月19日）

総裁選に勝利して
得意の手を上げるポーズ
（昭和47年7月5日）

日本列島改造懇談会の初会合で自著を手にあいさつ（昭和47年8月7日）

田中内閣の記念撮影。（前列左から）中曽根康弘通産相兼科学技術庁長官、三木武夫副総理、田中角栄首相、大平正芳外相、小山長規環境庁長官、郡祐一法相、（2列目左から）佐々木秀世運輸相、浜野清吾行政管理庁長官、植木庚子郎蔵相、稲葉修文相、田村元労相、木村武雄建設相、（3列目左から）二階堂進内閣官房長官、塩見俊二厚相、増原惠吉防衛庁長官、福田一自治相兼北海道開発庁長官、足立篤郎農相、本名武総理府総務長官兼沖縄開発庁長官、山下元利内閣官房副長官、（4列目左から）小宮山重四郎総理府総務副長官、吉國一郎法制局長官、後藤田正晴内閣官房副長官（昭和47年7月7日）

田中邸を訪問した
新総裁の三木武夫（右）と
笑顔で話す（昭和49年12月）

甦《よみがえ》れ 田中角栄

人が動く、人を動かす
誰でも分かる「リーダー学」入門

政治評論家
小林吉弥

njs

田中角栄に集約されるリーダーシップ

――まえがきに代えて

政治の世界であれ一般社会の大小問わずの組織であれ、上に立つ者が問われるのは常にリーダーシップの有無である。それが欠如したリーダーは世の荒波にもまれてその方向性を見失い、やがて組織を崩壊に導くケースが多い。

筆者は昭和44（1969）年12月の総選挙から、ゆうに半世紀を超える永田町取材に関わってきているが、この間、佐藤栄作から現在の岸田文雄まで、じつに26人の総理大臣を取材する機会を得ている。

また、政局の動きなどはすべて昨日のことのように目に焼き付いているが、そうしたなかで田中角栄だけは何かが違っていたとの思いが強い。ケタ違いの政治的発想と実行力、余人の及ばぬ巧み巧まざる人心掌握の妙、すなわちリーダーシップの見事さという点である。

さて、リーダーシップとは、一般的に「父性型」と「母性型」に分けられるとされている。前者はトップダウン型とも呼ばれ、上意下達の号令一下で組織を動かすタイプを指す。また、後者はボトムアップ型とも呼ばれ、下の意見を汲《く》み上げながら合意形成を目指すタイプである。それでは、田中角栄のそれはどうかとなると、どちらもひっくるめた非常にまれなタイプであった。

田中角栄はリーダーシップの根幹を成す要因である決断力、先見力、構想力、勝負勘などを存分に発揮した一方、若い頃から社会にもまれていたことで、人の心の移ろいを読むことが培われた「人間学博士」であり、それらを縦横に駆使したことで人が集まり、結果的には絶対的権力を保持してしまった人物であった。また、そうした根底にあったのは徹底した「人間平等主義」で、どんな立場にある人でも差別することはなかった。

加えて、性格は明るく、これも人が集まった要因の一つであった。陰気では人が集まらず、リーダーシップの発揮は限定的にならざるを得ないのである。

いま、政治の世界もダイナミズムを失い、閉塞感にさいなまれている。為政者のリーダーシップが問われているということだが、一般社会もまた先が見えない混濁とした空気が漂っている。いまこそ、上に立つ者のリーダーシップが問われているゆえんである。

小書はそうした田中角栄のリーダーシップが、多岐にわたって発揮された一部の実例を記している。こうした実例のいくつかでも得心してくだされば、読者諸賢の今後に少なからず役立つことになるだろうと確信しているのである。

なお、小書は『週刊実話』（日本ジャーナル出版）令和3年10月28日号から令和4年10月6日号に連載された「蘇る田中角栄」に大幅な加筆修正をしたものであること、本文中の敬称は謝して略させていただいたことをお断りしておきたい。

令和6年4月

小林吉弥

甦れ 田中角栄

人が動く、人を動かす 誰でも分かる「リーダー学」入門 ──── 目次

第2章　部下としての自覚

第3章　局面打開に秘策あり

第4章 究極の「人心掌握術」

肩書、組織名などは原則としてその時点のものです。

カバー写真　共同通信
本文中写真　共同通信、産経新聞社

第1章
「指導力」とは何か

まず不可欠な率先垂範

今年元日、石川県を中心とする「能登半島地震」が発生し、よもやの最大震度7が観測された。被害は家屋倒壊など甚大のうえ、死者、行方不明者の数は245人を超えた。テレビで流れる光景は、悲惨の一言に尽きた。

果たして政府の対応はどうだったか。岸田文雄首相が現地入りしたのは、発災から2週間近く経過した1月14日であった。国民の生命と財産を預かるトップリーダーの行動としては、いささか遅かったと言わざるを得ない。被災者の心は落ち込んでいる。トップリーダーがいち早く姿を見せてくれることは、何よりの安堵《あんど》なのだ。

対して、田中角栄の場合はどうだったか。

昭和39（1964）年6月16日、地元・新潟で2ケタの死者を出した「新潟地震」が発生した。液状化現象による家屋の倒壊、石油タンクの火災、信濃川にかかる昭和大橋の落橋、河川の決壊などで付近の住民は大混乱に陥った。時に、田中は大蔵大臣であった。

なんと、田中は地震発生後、ただちに上越線の特急「とき」に飛び乗り、数時間後には現地入りしてみせた。まだ、上越新幹線が通っていない頃である。

その話を筆者は、のちに田中の個人後援会「越山会」の幹部から、次のように聞いたものであった。

「田中先生のいでたちはゴム長靴、そのうしろには時の大蔵省で主計畑の実力者だった相沢英之（その後、事務次官を経て衆院議員。女優・司葉子の夫でもあった）がピタッと付いておった。先生は眉を曇らせながら、住民たちから次々と要望を聞いた。だいたい田舎の洪水に大蔵大臣と、国家予算に強い影響力を持つ大蔵省の高官が駆けつけてくるなんて、こんなベラボーな話は聞いたことがない。その後、河川の改修から住民の移転補償まで、あっという間に片づいた。

一部のマスコミはこれを言語道断としていたが、先生にとってはそんなものは耳に入らん。とにかく住民を助けたい。政治家としての心意気がさせたものだ。『選挙での1票狙いか』などと野党陣営は言っていたが、先生にそんなケチな気持ちは爪の先ほどもなかった。選挙区の住民ありきが政治家、先生は何事もそれに徹していた」

大蔵大臣が部下の高官を帯同して地元の災害対応を指揮するなどは、いまなら野党に批判されて総攻撃を食うところだろうが、時代はまだおおらかでもあった。しかし、ここで大事なのは一朝事があった場合、リーダーは組織の先頭に立つことにある。世間、周囲から批判されても、組織は大方それで固まることができる。

リーダーには、まず率先垂範が不可欠。それが「指導力」の出発点になると心得たい。部下は、その心意気に信頼感を覚えるものなのだ。

仕事をすれば批判があって当然

「リーダー、上に立つ者が仕事をすれば、批判があって当然だろう。世の中は、常に賛否両論がある。しかし、リスクを恐れて仕事をしないというのは、最低と言わざるを得ない。やがて責任回避を見抜かれ、叱る声さえ出なくなるものだ」

昭和55（1980）年7月、前月に行われた衆参ダブル選挙のさなかに「盟友」大平正芳が急逝し、その後釜に据えた大平派出身の鈴木善幸首相に対して、田中角栄が発した言葉であった。

田中が「ポスト大平」に鈴木を担いだ背景の一つに、昭和22（1947）年4月の総選挙で両者がそろって初当選を果たして以来、親交を重ねてきたことがあった。つまり、田中には鈴木がどういう政治をやりそうか、〝気心〟が分かっていたのである。

一方の鈴木は、田中が権力者への階段を駆け上がるなかで、田中とより意思疎通を深め、その接近ぶりから「現住所・大平派、本籍・田中派」などと揶揄《やゆ》されていた。大平が急逝したとき、鈴木は大平派の最高幹部の一人だったのだ。

こうしたことから、時にロッキード裁判を抱えていた田中にとって、まず権力の温存は不可避、ために政権運営ににらみが利く鈴木を担ぎ上げたのである。このあたりは、政治家の性《さが》と言っていいだろう。

大平、鈴木の両人が所属した「宏池会」は、かつて池田勇人が首相を目指す際、同志の結束が大事として、戦後初めて立ち上げられた派閥である。

この「宏池会」からは、これまで池田、大平、先の鈴木、宮澤喜一が首相の座に就き、宮澤から30年を経て岸田文雄がその座に就いている。しかし、自民党派閥の〝裏金〟事件を受けて岸田首相が〝解散〟を表明、ここに党内で最も古くから残る名門派閥は、66年余りの歴史に幕を下ろすことになった。

さて、話を戻すと、首相になった鈴木は海外メディアから「ゼンコー・フー（善幸って誰）?」と問われるほどの知名度不足で、手堅い政治手法には定評があったものの、政治家の能力評価としてはイマイチであった。

しかし、鈴木はスローガンとして「和の政治」なるものを掲げ、〝増税なき財政再建〟を実行ならしめるため「行政改革」の推進を公約とし、そのためには「政治生命をかける」とまで断言していた。

ところが政権2年半、待てど暮らせど公約を果たせぬ鈴木に、〝後見人〟たる田中が冒頭のような言葉で〝引導〟を渡したのである。まさに、堪忍袋の緒が切れたということであった。田中としては、自分が担いだ鈴木政権の仕事が遅々として進まず、結果として国民から相手にされなくなることは、自らの権力温存に陰りが生ずるという懸念があった。

同時に、政権を取った際の田中自身が「決断と実行」をスローガンとして掲げたように、政治家には〝国民への奉仕〟と、その絶対的な成果を求めていた。

なるほど、田中は陣笠代議士の頃から「公営住宅法」「道路三法」など、戦後日本を再建するための法律整備に命をかけたものであった。田中が自らつくった議員立法は、じつに33本に達している。いまの政治家に比して誰もが果たし得ない政治的能力、力量と言えるのである。

その後も田中は「金権政治」との批判を受けながらも、太平洋側と日本海側の格差是正、過疎解消を旨とした雄大な構想の「日本列島改造論」にチャレンジするなど、〝国民への奉仕〟を忘れることがなかった。

こうした田中にとって鈴木の遅々たる公約実行は、さすがに我慢がならなかったわけである。リーダーは宿命として、常に成果を求められるということなのだ。

早く「芝居の幕」を開けるべし

いま、その鈴木と同じ「宏池会」出身の岸田文雄首相について、リーダーとしての資質をどう評価したらいいのだろうか。

令和3（2021）年10月、首相に就任した岸田は「自分には『聞く力』がある」と、しきりに〝岸田流リーダーシップ〟の根幹を強調していた。そのうえで初仕事でもある幹事長、総務会長など自民党の役員、閣僚人事を見た限り、とくに政権誕生を後押ししてくれた安倍晋三、麻生太郎、両人への全面的な忖度《そんたく》、配慮がうかがえたものである。

対して田中角栄は、念願の自民党幹事長ポストに就いたとき、徹底して次のような手法で臨んでいる。当時の政治部記者の証言が残っている。野党への配慮の一方で、「落とすところに落とす」とばかり自信に満ち満ちていたのである。

「田中の幹事長時代には日韓基本条約、大学紛争などをめぐって、法案は常に与野党

総裁選の勝利から一夜明け、自宅の池の鯉にエサをやる田中角栄
（昭和47年7月6日）

対決の状態だった。国会対策について、田中は『野党の言い分には、譲るべきは譲って6割聞く。自民党の主張は4割だ。野党に譲った部分はあったが、結果的には自民党の狙い通りの決着となっている』と豪語していた」

田中はいつまでも公約実行を果たせぬ先の鈴木に、いかにも田中らしい言い回し、表現でこう続けたのだった。

「いつまでも芝居の幕を開けないと、客は帰ってしまうぞ」

田中ならずとも、「客」はいつまでも待ってくれない。上に立つ者は一昔前とは異なり、結果が早く求められる時代になっていることを心すべきである。

人物を大きく見せる「スピーチ上手」

岸田文雄首相の演説、スピーチを聞いていると、穏やかなしゃべり方には好感が持てるが、惜しむらくは感情の高まりがなく、聞き終わったあと印象に残らず物足りなさがある。演説という言葉は「演じて説く」という意味だが、岸田首相は根が正直なのか話に色付けする技術が欠けており、これが玉にきずである。

　それにしても、永田町取材歴50年以上の筆者は、最近の政治家の演説があまりに説得力、迫力不足であるのに、半ば失望している。例えば、昭和40～50年代に活躍した民社党の春日一幸委員長などは、一癖あった政治家として印象深いが、なんと与党追及の際には衆院本会議場でじつに4時間に及び、原稿なしでしゃべりまくってみせる力量の持ち主でもあった。

　もっとも、涙あり笑いあり、音吐朗々《おんとろうろう》の「春日節」を初めは多くの議員が楽しんでいたが、2時間ほどすると大半の議員は議席で寝ていたのだった。いくら演説が得意でも4時間は長すぎる。ものには限度があることは言うまでもない。

　そこへいくと田中角栄における演説、スピーチの類いは、「角栄節」として国民に圧倒的な支持を受けていた。笑いが随所にあり、数字と歴史の裏付け、迫力満点の脅し口調、難しい話でも分かりやすい例え話、絶妙の間の取り方など、説得力抜群、聴衆は誰もが満足して聞き入っていたものである。

「まぁねぇ、皆さんッ、どうですか。学校の先生がデモで道をジグザグに歩いておってね、子供だけに真っすぐに歩きなさいよなんて、これ聞くもんじゃないねぇ。校長の言うことは聞かない、校長が首をくるところまで追い込む。それでいて労働者でござあーいとくる。そんな馬鹿が許されますかッ（拍手）。教育は、民族悠久の生命なのであります！

そのうえ、東京では小中学校を週休2日制にしてはどうかとやっている。私は反対だ。これをやめて、むしろ夏か冬にまとめて休ませたほうがいいんです。都会の狭い鳥カゴみたいな家に、大きなお父さんが土曜も日曜もゴロゴロしていたら、おっかさんはたまったもんじゃないねぇ（大爆笑）。子供にまで土曜、日曜とまとわりつかれたら、おっかさんはもはや生きていられなくなっちゃう（笑）。私は断固、反対だ。

子供は毎日、毎日、教え込まないとダメなんです。サーカスの動物だって1日ムチをやらないと、一から出直しどころか、訓練そのものがパーになっちまうですよ。子供も同じ。1週間に2日もブラブラしていたら、もとに戻ってしまう。教育とは、そういうもんじゃないですか、皆さん！（大拍手）」

教師のデモ参加や義務教育の〝週休2日制〟が話題になっていた頃、田中の地元・

新潟で開催された演説会の一節で、筆者が会場でメモを取ったものである。時に本題から〝脱線〟することもあったが、正味1時間、聴衆の誰もが熱に浮かされたように上気し、やがて満足げに会場をあとにしたものだった。田中がこの演説で、また支持者を増やしたことは言うまでもなかったのである。

スピーチ上手は、人物の器を2倍、3倍にも大きく見せることを知っておきたい。

最強の説得力は「自分の言葉」で話すこと

田中角栄は絶対の自信を持つ自らの演説などについて、「スピーチ上手への極意」を次のように語ったことがある。

「ワシの話は、聴衆が田舎のジイサン、バアサンでも、学生、サラリーマン、会社経営者でも、議員でも役人でも、誰もが分かるようにできている。つまり〝のけ者〟は一人もいない。暗い話は一切しない。誰もが『ああ、今日は話を聞いて良かった』と、心の底に何か一つでも持って帰れるようになっている。ダメな話の典型は、たいそうな話をするが、どうにも心を打つものがないというヤツだ。また、聞き手の気持ちが眼中になく、自分を売り込むことばかりの話も相手にされない。

そのうえで最も大事なのは、〝自分の言葉〟で話せるかどうかだ。本、新聞、テレビ、あるいは友人、知人から借りた、どこかで聞いたような〝他人の言葉〟の羅列はダメだ。たとえ稚拙《ちせつ》でもいい、とにかく自分の人生経験から得た〝自分の言葉〟で話すことだ。一所懸命で話にかわいげがあれば、聞き手は少なくとも耳を傾けてくれるはずだ」

田中は聴衆の質、数にかかわらず、演説、スピーチで会場を一体化させ、盛り上げる名手だった。特筆すべきは〝借りてきた言葉〟が一切なかったことで、自分の言葉が最強であると知っていた。政治家だけでなく、部下を抱えるあらゆる組織の上司、リーダーたる者は、スピーチ力が問われることを改めて自覚すべきである。言葉で説得せず、黙っていても部下がついてくるのは、高倉健くらいしかいないのである。

幹事長時代の田中は、政治家として最も脂が乗り切ったといわれていた。当時の自民党本部幹事長室の職員による証言がある。

「田中幹事長の演説会があって、超満員の大盛況でした。田中さんは演説が始まる前、私を呼びつけると『いいか。ワシが話を始めて5分たったら、中身はどうでもいいからメモの紙を入れろ』と妙なことを言うんです。私が指示通りにすると、田中さんは聴衆に向かって『いまね、事務局から〝時間です〟というメモが入った。冗談じゃないね。こんな大勢に来ていただいて途中で帰れるか。ねぇ、皆さん、そうでしょ！』と言ったから、聴衆がワッと沸いた。この程度の演出など、田中さんにとっては朝飯前でしたね」

こんな〝芸〟ができるかどうか。ここまで知恵の回る上司なら、部下がついてくること間違いなしである。

「権謀術数」の限界を知っておく

いまから40年以上も前の昭和55（1980）年、永田町では選挙をめぐってこんな〝事件〟があった。

体質的にも合わなかった田中角栄と三木武夫の両実力者は、政治的にあらゆる局面でぶつかっていた。田中が金脈と女性問題で退陣すると、後継首相に選出された三木は、自らの権力維持と田中の影響力を排除するため、事あるたびに〝仕掛け〟を絶やさなかったものだ。

三木は政界浄化や金権政治の打破を訴え、自ら「クリーン三木」を標榜していたが、一方でなかなかの策士としても聞こえていた。田中はそうした三木の〝仕掛け〟があるたびに、「しょうがねぇなぁ」などとボヤいていたが、たった一度だけ大激怒したことがあった。

同年5月、時の大平（正芳）内閣に、社会党が内閣不信任決議案を提出した。ところが、事もあろうに自民党の三木派、加えてその尻馬に乗った福田赳夫率いる福田派の大勢が、事実上の賛成となる本会議採決を欠席し、不信任案が可決されるという不測の事態となったときである。

折から、翌6月には参院選が待ち受けており、大平首相は不信任案可決を受けて、衆院解散を決断する。田中と大平はもとより「盟友」関係にあり、政局の読みに鋭い田中は「これなら絶対に勝てる。政権は守れる」として大平に秘策を進言、大平はこれを承諾して史上初の「衆参ダブル選挙」に突入した。

さて、一方でなお収まらないのは田中である。権力闘争が絶えぬ政界のこと、ある程度、暴れるのは構わない。対立政党の社会党が提出した不信任案に、自民党から若干の同調者が出るケースはこれまでにもあった。しかし、派閥単位で同調するという前代未聞の〝反党行為〟は、どうしても許せなかった。田中の体内に、こんなことでは自民党および日本の政治自体を誤らせるという思いが、ふつふつと湧き上がってきたかのようであった。

不信任案が可決されたその日、田中派では衆参両院議員が集合して緊急総会が開かれた。マイクを握った田中は顔を真っ赤にして、流れる涙をハンカチでぬぐいながら、すさまじい形相で次のような大演説をブッたのである。

「諸君ッ、今日だけは口に出して言わねばならん。自分のためにだけあらゆることをして、恥じることのない者は、断固、これは排除せざるを得ないッ。日本を誤らせるような行動だけは、絶対に許すわけにはいかないのであります。われわれのグループは、このことだけは守ろうではないか。諸君のためには、あらゆること（資金を含めての支援）をする。皆、上がって（当選）くるんだ！」

この大演説に聞き入っていた、田中派の若手議員が言った。

「田中先生は、普段から私らに『馬鹿野郎、どこを見ているんだ。日本の政治をやっているのに、私情で動いてどうするッ』と、よくカミナリを落としていた。下手な駆け引きはもとより、権謀術数を本当に嫌っていた人だった。はかりごとには、限界があると知り尽くしていたのです。ために、あの大爆発の演説があった。田中先生の演説は常に迫力満点だったが、あそこまで凄絶なものは見たことがなかった」

野心、思惑をコントロールできるか

田中角栄は常日頃から、若手議員に向けて口癖のように言っていた。

「おまえらの言動には、野心、思惑がもろに出ている。そんなことで、先輩議員にかわいがってもらえると思っているのか。野心、思惑は誰にでもある。問題はそれを表に出さず、どうコントロールしていくかだ。それができずに、人脈などできるわけがない。とくに、リーダーは最後の判断を〝公六分・私四分〟の精神でやるべきだ。私心、私情は捨てろ。公を優先した判断なら、たとえ失敗しても逆風をかわせる」

田中には名言、金言が少なくないが、組織の中で生きるビジネスマンには、ピカ一と思われるものがある。

「世の中は、白と黒ばかりではない。敵と味方ばかりではない。その間にあるグレーゾーンが一番広い。そこを取り込めなくてどうする。真理は常に中間にありということだ。そのあたりが分からんヤツは、リーダーとして大成できるわけがない。政治家なら、天下を取れるわけがない」

まさに野心、思惑を抑え、私心、私情に目をつぶるという「公六分・私四分」の精神を示唆《しさ》した言葉でもある。こうした心がけが、やがては人を集めることにつながり、田中は豊富な人脈に支えられて天下を取ったということでもあった。

読者諸賢がリーダーとして判断に迷ったとき、自らの野心、思惑がいかなるものか謙虚に自省してみれば、光明を発見する余地が必ずや生まれると思われるのである。

部下を「叱る」にはテクニックがある

政界に限らず世のあらゆる組織のリーダーには、どのように部下を「叱《しか》る」か、また「ほめる」ことができるかが要求される。リーダーにその知恵、才覚がなければ、部下がついてくることはなく、伴って企業なら業績が上がるわけもない。かつての田中角栄には、選挙に関して次のような光景があった。

選挙が近づくと、田中は自派の若手議員、新人候補の選挙ポスターを点検するのが常であった。そうした連中のポスターをすべて集めさせると、東京・目白の田中邸8畳間の真ん中にデンとあぐらをかき、秘書に命じてポスターを四方の壁、障子、それでも収まらない場合は天井にまで貼りまくるのである。一枚、一枚、それらをしばらくジッとにらんでいた田中は、秘書にこう言うのだった。

「有権者は真剣にポスターと向き合っている。コイツのは何だッ。右も左も分からん若者なのに、笑っている馬鹿がいるか。すぐに口をギュッと結んだやつに取り替えさせろッ。ついでに、その隣のもだ。そっくり返った顔をしている。有権者を馬鹿にしている。これも、すぐ交換だ。有権者を甘く見るなと言っておけ！」

もう一つ、田中のもとには、派内の候補者が演説などを含めてどう戦っているか、すべての情報が入るシステムになっていた。選挙戦のさなかでも、田中は情勢が芳しくない新人候補を呼びつけて、こう言うのだった。

「てめぇは、自分が明日にでも総理大臣になれるようなことを言っているらしいナ。いまのおまえに、いったい選挙区で何ができるというんだ。有権者は、おまえの演説をハナから馬鹿にしている。選挙区に何が足りないか。皆、何に困っているのか。足で調べたものを精いっぱい受け止めた話ができなくて、票になんかなるものかッ。演説を甘く見るな。一から出直せ、馬鹿野郎！」

こうして大実力者である田中の一喝を受けた若手、新人は震え上がり、頭を抱えてただちに戦術、戦略の見直しに着手したものだった。しかし、その甲斐あってやがて多くの候補者が劣勢を挽回し、続々と選挙で勝ち上がってきたものである。

結果、辛くも当選を果たした若手、新人は、かの一喝が冷めやらぬうちに、田中のもとを当選のあいさつで訪れることになる。そして、ここからが「叱る」「ほめる」の真骨頂であった。田中はまず、相手の手をギュッと握りながら破顔一笑したうえ、まるで〝一喝〟したことを忘れたように言うのである。

「おまえ、なかなかだな。ワシの見込んだ男だけのことはある。これからは勉強、勉強あるのみだ。やがての大臣は間違いないぞ」

ここでは、なんとも明るく、わだかまりのないリーダーと部下の信頼関係が浮かび上がる。以後、こうした若手、新人は有能な部下となり、絶対権力者である田中の手足となって、獅子奮迅の働きをするのである。ために、田中派は他派を寄せつけぬ、一枚岩の強さを発揮できたということだった。

そのうえで、田中はこうも言っていた。

「ワシは性格もあるが、若いヤツにネチネチやるのは性に合わん。叱った相手でも、次に会ったときには忘れている。ションベンに行ってきたら、もう忘れている。人との関わりは、すべて心理の読み合いだ。相手の気持ちが分からなければ、どんな人間関係だってスムーズにいくわけがないじゃないか」

「叱る」と「怒る」は、おのずから違う。「叱る」は部下を育てるための督励《とくれい》にもなるが、「怒る」は相手を突き放し、遺恨が残るという違いがある。どんなに立派な組織であれ、「叱る技術」を持たぬリーダーの基盤は脆弱《ぜいじゃく》だと知っておきたい。

ただし一点、部下へのいわゆる「突っ込みすぎ」には慎重を要する。追い込んではいけないということである。とりわけ、今の若い人たちは、それをかわす胆力に乏しいことを知っておく必要がある。

人徳の要は「惻隠の情」

リーダーの心得として「叱る技術」について記したが、田中角栄の場合はビシッと叱るが、叱ったあとはケロッとしていて、決して遺恨を引きずらないのが大きな特徴であった。加えて、持ち前の明るい性格から、叱られた部下は距離感を覚えず、その後も「田中先生」「オヤジさん」と慕い続けたものだった。

さて、その田中がかつて高く評価していたのが、令和3（2021）年10月の衆院選で当選じつに18回目を飾り、いまや最古参の国会議員となった立憲民主党の小沢一郎であった。過去を振り返ってみれば、小沢は田中が自民党幹事長を務めていた昭和44（1969）年12月の総選挙で、27歳で初当選している。田中はこの若き小沢に、幼くして亡くした長男の面影がダブったようで、他の若手議員とは別格のかわいがりようだった。

財界人と囲む料亭での宴席では、自らの隣に小沢をすわらせ、こう言ったものだ。

「コイツがやがて総理になるんだ」

田中はとくに、「一郎は、人の見ていないところで汗を流している。これが、いいんだ。決断力もなかなか、ドスンと断ち切るナタの魅力がある」と評価していた。

その後の小沢については、読者諸賢も記憶に新しいところであろう。田中が脳梗塞で倒れたあと、とりわけ竹下登との確執から自民党を離れ、2度の政権交代の〝立て役者〟となった。時に「剛腕」といわれ、時にその政権を自ら壊すような言動も辞さずで「壊し屋」の異名もあった。

その小沢も前回の衆院選で初めて選挙区敗北を喫し、比例区でかろうじて復活当選

全国町村長大会で冒頭のあいさつ（昭和48年12月5日）

を果たしている。〈岩手3区〉は「小沢王国」といわれて久しかったが、若手の自民党候補に選挙区当選を奪われ、選挙当時79歳の高齢も手伝って「一つの時代が終わった」という見方も出たのであった。

そうしたなかで、小沢という政治家と「師匠」であった田中との決定的な違いについて、こう語っていた田中派の古参議員がいた。

「2人の違いは、人間として〝惻隠《そくいん》の情〟があるかないかだろうね。オヤジさん（田中）はどんなに不愉快なことをされた相手でも、あとでヤアヤアの関係に戻ることが多かった。怒鳴ったり叱ったりしたあとでも、自分がやりすぎたと思えば謝る素直さがあった。

対して、小沢は怒鳴ったりしないが、気に入らぬとなれば距離を置いてしまう。要するに、いさかいが一度でも起こると、相手とは口を利かない間柄になってしまうのだ。ために、側近と呼ばれた人たちが、次々と小沢のもとを去っている。オヤジさんと比べれば、人徳の差と言ってもいいだろう。人徳がなければ、どんな実力者でも人は離れていく。〝惻隠の情〟は人徳の大きな要因になる」

「素直さ」もまた上司の資質

田中角栄の〝謝る素直さ〟については、「マッチ箱事件」という格好のエピソードがある。

昭和59（1984）年の田中はロッキード裁判を抱えるなかで、当時120人ほどの大派閥をけん引し、まったく身動きが取れない状態だった。一方で、その田中派は幹部の竹下登による「派中派づくり」問題なども発生し、竹下を総裁選に立て〝派閥の再生〟を目指そうとする動きも激しくなっていた。

竹下が政権を握れば自らの存在感、影響力が低下することを懸念した田中は、ロッキード裁判の疲れも重なって、この頃、飲酒量がピークに達していた。ウイスキーの「オールドパー」に、ほんのおしるし程度だけ水を入れて、昼間からあおっていたのである。

ちなみに、田中における「オールドパー」は、吉田茂元首相が愛飲していたことの影響で、吉田は「氷が溶けたらウイスキーが薄くなってまずくなる」と、氷水で割るのを嫌っていた。この〝流儀〟も田中はそっくり受け継いで、氷を入れぬ〝水割り〟一筋だったのである。

さて、某日、田中が事務所で、例によって濃い水割りを空けていると、そこに田中派の幹部クラスである竹下、江崎真澄、田村元ら5人ばかりがふらりと訪れ、田中を交えて四方山話《よもやまばなし》に花を咲かせていた。ところが、硬骨漢として知られる田村が口にした一言で、その場の空気が一変することとなった。

「角さん、怒らんでくださいよ。いま、アンタは刑事被告人の身だ。あんまり派閥を大きくすることは、避けたほうがいいんじゃないですか。派閥を膨張させれば、他派はもとより裁判所、さらには国民など日本中が反発することになって、角さんのためにならんのじゃないですか」

ここから田中と田村の〝修羅場〟が始まった。折からの水割りで赤ら顔の田中は、さらに激高してドス黒い顔つきになって叫んだ。

「何を言うかッ。生意気を言うなッ」

同時に、そばにあったマッチ箱を田村に投げつけたのである。そのマッチ箱は田村の顔に当たり、マッチ棒が飛び散った。すると、田村はそれを1本ずつ拾って箱に詰め直し、今度はそれを田中に向けて投げつけた。箱は田中の顔に当たった。

「俺は帰らせてもらうッ」

田村はこう吐き捨てると、他の田中派幹部らがオロオロするなか、1人で事務所をあとにした。

ところが、同日深夜のことである。東京・渋谷区にある田村邸の電話が鳴った。こんな夜中に誰からかと、いぶかしむ田村が電話に出ると、受話器の向こうから「ワシだ。角栄だ」と聞き覚えのある声が返ってきた。先にマッチ箱の一件があったことで、一瞬、田村が戸惑っていると、田中のほうから切り出した。

「昼間のことは許してくれ。いま、家だ。1人で飲んでいるのだが寂しくてかなわん。会いたい。キミ、いまから飲みにきてくれんか」

さしもの田村も、田中がここまで言うなら仕方がないと、目白の田中邸までタクシーを飛ばした。

結局、田中邸1階の応接間で、両人は向き合うことになった。互いに昼間の無礼を詫び、田中は「オールドパー」の水割り、田村は日本酒の冷やをコップ酒で、深夜に2人だけの〝酒宴〟を張ったのである。

田村に近い田中派の中堅議員が、のちに田村から打ち明けられた話として、そのときの模様を筆者に語ってくれたものだ。

「その場で田中先生は何度もタムゲンさん（田村の愛称）に『会えて良かった』と言い、そのたびに手を握ったそうです。タムゲンさんはしみじみと『角さんは、じつに素直なんだ。改めて、人に好かれるのがよく分かった』と言っていた」

「失敗」「負け」も素直に受け止める

この「マッチ箱事件」は、やがて永田町一帯に知れ渡ることになった。当時の田村は田中派に属しながらも、同派議員を中心に無派閥議員など30人ほどで、派閥横断の勉強会「田村グループ」を主宰していた。

ために、田村が怒って田中派をいざ〝脱藩〟とでもなれば、派内における田中の求心力は低下し、自民党内での〝地盤沈下〟も必至だった。しかし、この2人だけの酒宴を経て、田村が派閥を割るには至らなかった。

しかし、田中は翌年2月に脳梗塞で倒れ、事実上の政治生命を失うことになった。その後、田村が改めてこんな述懐もしている。

「角さんの凄いところは、あれだけの権力を持っていても、悪いところは悪いと素直になれるところだった。どんな議員に対しても、失礼があったり、相手が自分との接し方で傷ついたりしているのを知ると、まるでいたずらっ子のように『ごめん』とやれる。実際に強いリーダーで、強い人だっただけに、そうした素直さには誰もが参ってしまうんだ」

素直な性格に、うしろ指をさす者などいない。「惻隠の情」が乏しく、自我の強さを譲らぬ小沢と、リーダーとしての〝厚み〟の違いが分かるということでもある。

田中自身は初当選を果たした頃の小沢に、こう釘を刺したことがある。

「これからは〝自分の物差し〟ばかりで理屈を言ってはいかん。そういうのは使いものにならない。黙って汗を流せ。いいところは、人に譲ってやれ。損して得取れだ。そうすれば人に好かれる」

大成した人物は自分に自信があるためか、一般的にはどこか頑固というのが相場である。この頑固さは、時に権威とも受け取られる半面、敬遠されることも少なくない。ここで要求されるのが先の「素直さ」ということになる。

無理筋かもしれないと思ったら、すみやかに撤回できる柔軟な頭脳が必要だ。屈折した上司には部下も近寄り難く、また上司にとっても理屈の多い部下は、煙たいのが世の常だから要注意である。

「カミソリ」後藤田正晴の危機管理

ここ数年来、ビジネスマンの世界では、社内コンプライアンスがより徹底される風潮になってきた。要は、上に立つ者は部下に対して強い態度で接してはならん、部下なりの言い分をできるだけ汲むようにということだが、会社という組織を維持し、さらなる業績を上げていくうえでは、こうした風潮は実際のところ何かと足かせになる部分もあるかと思われる。

そこで大事なのは、上に立つ者、例えば企業のトップリーダーには、コンプライアンスとリーダーシップ発揮の〝塩梅《あんばい》〟が要求されるということである。

かつての政界には「カミソリ」「切れ者」として名を馳せ、田中角栄が最も信頼した後藤田正晴という人物がいた。後藤田は東大卒業後、当時の内務省に入省し、軍隊生活を経て警察官僚の道を進んだ。昭和44（1969）年8月に警察庁長官に就任すると、よど号ハイジャック事件、あさま山荘事件など、折から頻発する重大事件への対応に追われた。

二十数万人の警察官を指揮した後藤田は、昭和47（1972）年7月の自民党総裁選に勝利した田中に抜擢され、内閣官房副長官に就任。4年後の衆院選挙で当選すると、以後は自民党の重鎮として自治大臣、法務大臣、副総理などを歴任している。

昭和58（1983）年9月に発生した大韓航空機撃墜事件では、一つ間違えばソ連（現・ロシア）、韓国、そしてわが国が戦争に巻き込まれかねない事態となったが、後藤田は官房長官として中曽根（康弘）内閣のピンチを支え、強力な危機管理手法を発揮したものであった。

後藤田は、今日のようなコンプライアンスの徹底した民主主義社会について、ソ連と日本でのリーダーシップを比較した際、次のように言い切っていたのだった。

「民主主義社会であればあるほど、僕は本当の意味で強いリーダーシップが求められると思っている。これが逆に独裁社会であれば、独裁政治なりの体制に支えられて、案外、さほどリーダーシップがなくても組織の維持は図れるものだ。対して、民主主義社会というのは、てんでんばらばらだ。リーダーはそれを統括して、しかも危機に臨んで迅速《じんそく》な手を打たねばならん。

だから、ソ連みたいな国と日本と、リーダーシップの発揮の仕方はどちらが難しいかといえば、当然、日本のほうということになる。僕は、そう思っている。真のリーダーシップが発揮されないようでは、民主主義のシステムなどは成り立たんということなんだ」（『中央公論』平成元年2月号）

かく、現在のコンプライアンスが徹底される日本の〝民主主義企業社会〟では、むしろ強いリーダーシップも要求されると知っておきたい。

リーダーの生命線は「目標達成」である

リーダーシップを発揮するなかで、リーダーが果たさなければならない唯一無二は、事業で〝数字〟を出すという目標の達成にある。リーダーの生命線は、結局はこの「目標達成」をおいてないということでもある。

例えば、田中角栄は政争において常に不敗を続け、その成果をもって部下にあらゆる利益の還元や分配をした。具体的には、田中派の面々への大臣ポストなどの分け与えであり、議員として十分に動けるような資金の面倒見ということであった。

政争での勝利に全力を傾け、その成果をもって部下である田中派の面々に利益を分配し、それをもって、さらに次の政争でも勝利を重ねた「角栄流」を見習う必要があるだろう。

田中は強いリーダーシップの不可避と「目標達成」への心意気について、次のように語ったことがある。

「意思貫徹には〝カード〟を3枚用意しておくことだ。オール・オア・ナッシングの考え方では、うまくいかない。まず、落としどころとして最善の策で臨み、ダメなら次善の策、それでもうまくいかない場合を考えて三善の策まで用意しておく。ここまでやっておけば、何事でもだいたいの目標達成は可能になるものだ」

大物と呼ばれた各界の人物には、必ず一つの共通項を見いだすことができる。すなわち、物事の判断は大胆にして細心、それをもって「目標達成」へ時としてバクチを打つということにもなる。

「床の間」が似合う人物であるかどうか

50年以上にわたって永田町を取材し、その間、何度となく衆参の国政選挙を見てきた筆者には、一つの結論めいたものがある。すなわち、選挙の勢いを決める要素は、公約、政策を含めた技術論が40%にとどまり、「党首力」が60%を占めるということであった。

「党首力」とは国民、有権者から見た親しみ、魅力の度合いであり、例えば岸田文雄は「二世」ということも手伝ってか〝お坊っちゃん〟風で穏やかな印象がある。対して立憲民主党の枝野幸男前代表などは、弁護士としての自民党攻撃は迫力があるものの、惜しむらくはどこか親しみが足りないようにも見える。

田中角栄に買われ、自民党からもたびたび総理・総裁を請われた後藤田正晴は、かつて筆者にこう語ってくれたことがある。

「私だって一国一城の主（警察庁長官）だったわけだから、多くの人が大将（首相）になってもおかしくないと見ていたようだ。しかし、人間には〝分際《ぶんざい》（身のほど）〟、または〝格〟というものがあるんだ。頭が切れるからトップになれるなんて、とんでもない話だ。

人間には、生まれつき〝床の間〟にすわってピタッと収まる者と、逆に様にならない者の差が歴然とある。持って生まれた資質の違いなんだろうが、やっぱり明らかに差があるんだな。人を惹きつける愛嬌《あいきょう》みたいなものが、おのずと備わっているか、いないかということでもある」

戦後の歴代首相を振り返っても、吉田茂、岸信介、池田勇人、佐藤栄作、三木武夫、福田赳夫、大平正芳、中曽根康弘、小渕恵三、小泉純一郎などは、政権運営の是非《ぜひ》とは別に、どこかある種の愛嬌めいた親近感があり、これが国民の支持を集めた少なからずの要因でもあったようだ。

それでは、田中角栄における愛嬌はどうだったか。愛嬌は稚気と相通ずるところがある。大実力者であった田中だが、その一方で稚気のカタマリのような人物でもあった。

39歳で郵政大臣として初入閣すれば、よりによって公共放送のNHKラジオ『三つの歌』に出演し、乗せられてヤクザ礼賛の浪曲『天保水滸伝』を一くさりうなった。これで危うく大臣のイスを棒に振りそうになったが、むしろ圧倒的多くの国民には支持され、人気が出たものだった。

また、首相退陣後の昭和57（1982）年、元日に東京・目白の田中邸で開かれた新年会では、当時バリバリの大蔵大臣だった「ミッチー」こと渡辺美智雄とウイスキーのグラスを重ね合った。

やがていい気持ちになったミッチーが、なぜかテーブルに駆け上がった。すると、これまた顔をテカテカさせて、すっかりデキ上がっていた田中も追うようにテーブルに駆け上がり、ついには2人で抱き合って「バンザーイ！」と叫んだのである。

退陣したとはいえ、時に田中は「闇将軍」として絶対の権力者であり、この2人の稚気ぶりには、新年会に集まった政財官のお歴々からもヤンヤの拍手、爆笑、哄笑《こうしょう》が絶えなかった。一目置くような人物が見せる一瞬の隙と安らぎ、多くの人物が心を解放された瞬間だったのだ。

「愛嬌」は人に好かれる大きな要因

田中角栄は、愛嬌に乏しく、真面目一辺倒で会話が弾まない人物が大嫌いであった。その全盛期、のちに首相となる大蔵大臣時代の宮澤喜一と初めて一杯やった田中は、こう切って捨てたものであった。

「アイツは食えん。秘書官としては第一級だが、政治家じゃない。二度と一緒に酒を飲むのはごめんだ」

頭脳明晰で知られた宮澤だったが、酒が入ると顔が青ざめ、愛嬌とは無縁、理屈っぽくなることで知られていた。田中は宮澤に対して、初めからトップリーダーへの期待をまったく持っていなかったようなのだ。

かく、田中は愛嬌、稚気の類いは、男の大きな武器になると考えていた。愛嬌、稚気のある人物は、周囲から能力不足を補ってもらえる〝利点〟がある。人が寄ってきやすく、おのずと皆が支えてくれるのだ。

ただし、若い者があまり愛嬌、稚気をチラつかせるのは得策ではない。また、作為のそれはもとより見抜かれ、馬鹿にしか見えないから要注意ということである。

さらに加えるなら、いまやリーダーが度胸だけで部下を引っ張っていく時代ではない。そのあたりの理解がないと、リーダーは〝生きにくい時代〟になってきているということである。

「殺し文句」の威力

「殺し文句」という言葉がある。端的な言葉で相手の心をわしづかみにして、気持ちをグッと引き寄せてしまうセリフを指す。

かつて、読者諸賢も彼女を口説く際、「君は運命の人だ」などと、いま考えれば歯の浮くようなセリフを吐いたのではないか。もとより、彼女もそこまで言われて悪い気はしない。その結果、仲良くなるケースもあっただろう。これが「殺し文句」の効用である。もっとも、この「殺し文句」を使ったために、あれから数十年、いま〝反省〟している御仁もいるかもしれない。

それにしても、この「殺し文句」の一つも使えないようなリーダーは、部下からの印象が決して良いものにはならず、伴って強い求心力を保持することができない。リーダー失格ということである。

田中角栄はある意味、この「殺し文句」の権化のような人物であった。「〝気〟で勝負する政治家」とも呼ばれた田中の言動には、常に思惟的なものがなく、何事も誠心誠意、全力投球という行動原理が働いていた。そうしたなかで、この「殺し文句」が随所で発揮され、多くの人間がとりこになってしまったのである。

格好の例は、田中が大蔵大臣の頃、ある社会党代議士と新幹線で乗り合わせたときにも見られた。国会では丁々発止、ケンカ腰で噛みついてくる相手である。田中は、支援の労組幹部と一緒にいた代議士を見つけると、自らつかつかと彼らの席に歩み寄って、こう言ったのだった。

「いや、参った、参った。予算委員会では、すっかりキミにうまいところを突かれたね。（労組幹部に向かって）まぁ、彼がもし自民党にいたら、とっくの昔に大臣か党三役くらいにはなっている人物だよ」

後日、この代議士が東京に戻ると、新幹線の車中における田中との話が労組全体に知れわたっていた。そして「田中角栄があれほど感心していたくらいだから、先生は本当になかなかの人物なんだ」と、大いに株を上げたそうである。その一方で、以後、この代議士は田中に頭が上がらなくなった。見事な「殺し文句」だったのである。

ノーベル平和賞を受賞した佐藤栄作（左）と握手を交わす
（昭和49年10月9日）

また、岸田文雄が勝者となった令和3（2021）年9月の自民党総裁選で、勝機なしを読んで無念の不出馬となった石破茂も、若き日、田中の「殺し文句」に参って政界入りしたエピソードがある。そんな若き日を振り返り、石破自身が筆者に語ってくれたことがあった。

父親の石破二朗は、建設省事務次官を務めたあとに鳥取県知事を4期15年、その後、田中派入りして参院議員となって7年目のさなか、昭和56（1981）年9月に他界した。父親が亡くなったとき、息子の石破茂は慶應義塾大学法学部を卒業し、三井銀行（当時）に入行して間がなかった。

石破は父親から政界の裏表を耳にするうち、政治の世界に興味を失い、ビジネスマンとして生きていこうと決意していた。ところが、田中が指揮を執ってくれた葬儀が終わり、父親の跡を継ぐ気はないと頭を下げると、田中は正面からジッと石破の顔を見詰め、こう言ったという。

「おまえの言うことも分かる。しかし、おまえが親父さんの遺志を継がなくて、誰が継ぐんだッ。いいか、次の衆院選に出るんだ」

父親を失い気持ちが落ち込んでいるなか、絶妙のタイミングで琴線《きんせん》に触れられ、結局、石破は改めて目を開かされたのである。タイミングを捉えた田中の絶妙な「殺し文句」の威力だった。

竹下登も「殺し文句」の達人

ひるがえって昨今の政治家は、総じてこの「殺し文句」の使い方が下手だが、かつてスピーチ上手として定評のあった田中真紀子は、父・田中角栄のＤＮＡを継承するだけに、このあたりもさすがであった。

演説のさなか、その場の雰囲気を読み切り、こう一言、聞き手の心を一気に取り込んでしまったものだ。

「私はね、同じ人間として、皆さんと一緒にここに生きている。だから、心を一つにして日本を良くしたいんです！」

聴衆に向け「皆さんと一緒に生きている」「日本を良くしたい」と訴えることで、

互いの思いを共有していく「殺し文句」であった。演説が終わると、万雷の拍手だったのである。

もう一人、筆者が見事な「殺し文句」の使い手と感心したのは、尋常ならざる周囲への「気配り」で、田中の嫉妬《しっと》を買っていた竹下登であった。竹下の言葉は、なるほど「気配り」に加えて「目配り、カネ配りの竹下」といわれただけあって、人の心をわしづかみにする芸に秀でていた。

まだ若かった筆者自身が取材で事務所を訪れたとき、竹下は開口一番こう言ったものだった。

「いやぁ、小林さん、お久しぶり。お目にかかりたかったですよ。さぁ、なんでも聞いてください」

若造の取材などたいして重きを置いていないのに、こう丁寧に来られると、こちらとしても悪い気の起ころうはずがない。あまり機嫌を損ねる記事は、書きにくくなって当然だ。見事な「殺し文句」の印象があった。

こうした「殺し文句」が使えるかどうかで、相手に与える印象は天と地ほども違ってくる。これがビジネスマンなら、もとより交渉事の成否さえ握ってしまうと知っておきたい。

男の品格を左右する「カネの使い方」

カネが上手に切れるか否かは、男の品格さえも左右するから要注意である。そのうえで、上手にカネの切れる男の話は説得力を持つが、切れない男の話には誰もまともに耳を貸さない。

田中角栄については、こんな面白いエピソードがある。

「闇将軍」と喧伝《けんでん》されながら時の中曽根（康弘）政権に強い影響力を発揮していた昭和58（1983）年、田中派と敵対関係にあった福田（赳夫）派に、福家俊一というベテラン代議士がいた。福家は折から体調を崩して入院していたが、それまでは機会があるたびに田中批判をぶち上げていた。

その入院中、派閥の親分である福田も福家の見舞いに訪れたが、驚いたことに、福家がさんざん批判していた田中もやって来たのである。しかも、田中の〝やり方〟は並の政治家とは一味違っていた。

田中は病室に入ってくると、ろくに話もせず、ベッドの上で体を動かせぬ福家の足元に、そっと分厚い茶封筒の入った紙袋を置いて帰っていくのである。もとより、過分な見舞い金に福家は仰天したが、驚きはこれにとどまらなかった。田中は福家が退院するまで、その後、なんと5回も見舞いに現れ、そのたびに同様の紙袋を忍ばせて帰ったというのである。

のちに、福家からその話を聞いた福田派の同僚議員が、筆者に話をしてくれたことがあった。

「入院期間の長さもあって、当時、福家は資金的にも苦労していた。福家は『俺があれだけ批判の声を上げていたのに、多忙の中、5回も見舞いに来てくれた。義理で1回は来てくれても、なかなか5回も来られるものではない。しかも、窮状を見抜いて助けてくれた。涙が出たね』と感謝していた。ちなみに福田は2回ばかり来て、『早く良くなってくれ』とは言ってくれたが、それだけだったそうだ」

退院後、福家の田中批判はピタリとやんだ。ここでの福家は田中による〝無言の説得力〟を前に、軍門に下ったということだった。上手にカネを切れる男は説得力を持つのである。

至言「ケチに説得力なし」

希代の「政商」と呼ばれ、のちにロッキード事件で田中角栄の「刎頸《ふんけい》の友」とされた小佐野賢治に、こんなカネにまつわる話が残っている。小佐野は徒手空拳の叩き上げ、バス、ホテル、不動産事業などで発展した国際興業グループの創業者としても知られる。

田中に言わせると、「アイツは大金持ちだが、本当はケチだ」ということになっていた。例えば、座敷で遊ぶ際のチップでも、小佐野は常にキッチリ100万円が入った財布を芸者にポンと渡し、いかにも豪気そうに「好きなだけ取れ」と言いはするものの、返してくれた財布の中身をトイレなどで〝点検〟していたというのである。

すなわち、いくらカネを抜いたか調べ、その金額と遊びの満足度を天秤に掛けていた。ふさわしいと納得すればまたその芸者を呼び、不相応だったら二度と呼ぶことはなかった。田中は「ケチ」と評したが、小佐野はさすがに商売人であり、「合理的にカネを使う達人」といったほうが当たっているようにも思われる。

田中は独自の金銭感覚について、次のように語ったことがある。

「カネというものはチマチマ使うより、ここぞというときは一気に使うものだ。そのほうが、効果は何倍も大きい。ケチに説得力はないと知るべし」

改めて「ケチに説得力なし」を肝に銘じ、上司諸君はカミサンの目を盗んで、たまには部下の前で財布のヒモを緩めてみてはいかがか。部下からの見方、評価が変わってくる可能性は多分にあるということである。

後継選びは「才より徳」を重視せよ

じつに総勢141人にまで膨れ上がった最盛期の田中派には、次代を担う優れた人材が目白押しであった。となると、トップリーダーとして各人にポストを満遍《まんべん》なく割り振り、組織（派閥）を丸く収めるのは、大仕事であると同時に腕の見せどころでもあった。

その点においても、田中角栄の人事原則は極めて明快で、まず「順序」を間違えないこと、同時に「実力主義」を念頭に置き、当てはまる人物を重要ポストに押し込んでいったのが特徴だった。

これを根幹として、その後の〝枝葉〟については論功行賞、年功、温情などを勘案して、適切に割り振るという具合だった。とくに、ここでの「順序」には厳しいものがあり、後継者への目配りが何より不可欠でもあった。

田中は首相在任中から、明確に田中派の後継順位を決めており、「一に二階堂進、二に江崎真澄、三に後藤田正晴」と公言していた。派内の中堅、若手から強く支持されていた竹下登については、「状況により後藤田の次」という扱いであった。

なぜ、こうした序列だったのか。当時の田中派に在籍していた長老議員の一人は、こう解説していたものだった。

「角さんは、この順序でこそ大組織は収まると確信していた。また、その理由として、後継人事としてのトップリーダーには、〝才より徳〟を重視していたことがうかがえた。何事にもソツがなく、才気にあふれた竹下を警戒するがゆえ、後々まで軽視したゆえんでもあった」

昭和60（1985）年2月に田中が倒れたため、この「順序」に狂いが生じ、やがて竹下が事実上の田中派を率いた形で、後継者のイスにすわった。しかし、竹下は田中が危惧した通り、その後、リクルート事件でつまずき、2年足らずで政権を追われることになる。田中は「才の人」を軽視してきたが、ここでは人事への炯眼《けいがん》を証明したことになる。

一方、ポストの割り振りでとくに秀逸だったのは、「なりたいヤツは、そのポストからはずす」という手法で、これもまた「角栄流」であった。

政治の世界で、人事の季節になると必ず出るのが、これまでの不平不満と無理な要望である。一般社会でも似たようなことは多々あり、これを裁くことも上に立つ者の腕の見せどころだ。

「○○議員は、大臣ポストが回ってこないので相当にスネている。この次に入閣できなかったら、田中派から出ることも考えているようだ」

「△△議員は、経済閣僚以外は絶対に受けないと息巻いている」

「××議員は地元で党三役入りは確実と触れ回っているらしい」

さまざまな情報が田中の耳にも入ってくる。田中はそうした場合に、○○、△△、××議員を、あえて希望するポストに就けないことが多かった。

あるとき田中が事務所の秘書に、こうぶちまけたことがあるという。

「選挙民の前で演説を垂れるだけで、一丁前の口を利くなということだ。率先して結果を出してみろ。結果が付いてこなくて、なんで政治か。選挙民の要望を現実のものにして、初めて政治家だ。ポストを口にする前に、まず汗をかくことが必要だろう。アイツは採用しない」

部下は「信頼すれども信用せず」の考え方

上司は、部下を信頼する。もとより、これは上司が部下を見る目の基本的姿勢である。一方で田中角栄は、部下を「信頼すれども信用せず」の姿勢が、また必要だともしていた。全面的に信用しないのではなく、どうやら仕事の「水漏れ」を防ぐためには、そのくらいの峻厳《しゅんげん》さも不可欠だということのようであった。

こうした田中と親交のあった事業家の例を引いてみる。田中による「信頼すれども信用せず」の厳しさを備え、事業を維持、拡大していた2人である。

まず、かつて「西武王国」の総帥として辣腕《らつわん》を振るった堤義明で、彼は父親の代の遺産を引き継ぎ、鉄道、不動産、ホテル業などで西武グループを発展させ、組織を統率した。田中から暗にリーダーとは何かの「帝王学」を教えられるなど、寵愛《ちょうあい》を受けた人物であった。

その堤と親しかった経営評論家の鈴木康雄が、こう語っていたことがある。

「堤は、自分の目が届かぬところで従業員が手を抜かずに仕事をしているか、いつも疑心暗鬼だった。ために、予告もなく全国各地にあったプリンスホテルの裏庭や、グループ傘下のゴルフ場にヘリコプターで舞い降りるのを常とした。

これで、たとえ日曜日でも『支配人はいるか』とやる。他の幹部が『支配人は公休を取っています』と答えると、堤は無言、その数日後には支配人の左遷が決まっていた。日曜日といえば、ホテルやゴルフ場の客は普段より多い。となれば、いつどんなサービスが必要となったり、場合によっては事故が発生したりするかもしれない。そんなとき最高責任者の支配人が不在でどうするのか、公休を取ってどうするのか、そういう発想なんだ。

もとより堤は部下を信頼していたが、ぎりぎりのところでは信用していなかった。組織のリーダーたる者、部下に全幅の信用を傾けるほうが、むしろおかしいとの考えで、自ら隅々まで目を光らせるのは至極当然の行動だった」

もう一人は、のちにロッキード事件で田中の「刎頸の友」とされた国際興業グループの創業者、小佐野賢治である。小佐野の場合も、先の堤に負けず劣らずで、部下を

「信頼すれども信用せず」であった。小佐野と親しかった財界記者が、こんな証言を残している。

「例えば、ホテル、旅館などの板場で、取引先の食材店からリベートを受け取ることが恒常化していた時期があった。小佐野はそのあたりの実態を徹底的に調べ上げ、そのうえでホテルの支配人などはおおよそ知っていたはずだとみて、板場の当事者はクビ、支配人にも責任を取らせて閑職に回すことをたびたび行っていた。

また、路線バスにまだ運転手が自由に開閉できぬ運賃箱が導入される前は、運賃を運転手と乗客が現金でやり取りしていたが、時に運転手がタバコ銭として、現金をくすねるというケースがあった。小佐野はこれを耳にするや徹底的に調べ上げ、直ちに運転手はクビ、その営業所の責任者も左遷した。小佐野はそうした経験から、他社に先駆けていち早く国際興業の路線バスに、最新の運賃箱を導入したのだった」

事業経営というものは、ささいな「水漏れ」が大きなダメージにつながる。堤、小佐野からは、こうした意識の強さがうかがえたのである。

また、彼らの姿勢の骨子は、結局はリーダー、上司たる者、事業経営への責任感を忘れてはならずということでもあった。すなわち、責任感が強ければ、とても部下に全幅の信頼を寄せることなどできないのである。

勝利に不可欠な「水漏れ」の排除

一方、田中角栄は、こうした「水漏れ」排除のため自ら選挙の指揮を執り、その結果の全責任を負う自民党幹事長時代には、ポケットマネーをつぎ込んで独自のきめ細かな選挙情勢調査ネットワークをつくっていた。当時、そこまでしていた政治家は、誰一人としていなかった。

こんな事例がある。その頃の幹事長担当記者の証言である。

「衆院選の滋賀県内の選挙区で、与野党候補が競合していた。時の自民党滋賀県連の会長は宇野宗佑（のちに首相）で、宇野は幹事長の田中に『中盤戦では、わがほうの候補が大差で優勢となっています。このまま逃げ切れると思います』と、胸を張って報告していた。

ところが、この報告を受けた田中は『キミ、何を馬鹿なこと言ってんだ。ワシの調査によると、差はたった5000票だ。投票日まであと5日、よほど気合を入れないと、ひっくり返されることになるぞッ』と〝一喝〟した。

宇野は新聞社などから聞く情勢や、運動員からの報告を鵜呑《う》みにしていたが、いざ投開票日となり、フタを開けると自民候補18万票、対立する野党候補17万5000票であった。まさにドンピシャで田中の言う通りの結果となり、宇野は田中の選挙に立ち向かう厳しさに驚いていた」

まさに「角栄流」の、部下を「信頼すれども信用せず」の〝勝利〟であった。

こうした手法を徹底して駆使する田中に、時の首相であった佐藤栄作は都合5期も幹事長ポストを任せ、自らの政権基盤を固めることに成功した。一方、田中もまた、この長い幹事長時代に与野党議員のシンパを増やし、やがて佐藤の後継として天下を取ることになった。

リーダー、上司の部下に対する信頼と信用の兼ね合いは、改めてかく難しいことを知っておくべきである。

「竹下流」決めゼリフを学ぶ

岸田文雄首相は、就任当初から「〝聞く力〟あり」と強調している。「聞き上手」はリーダーに求められる心得の一つだから、大いに結構である。

しかし、難も一つある。「聞く力」を強調する一方で、自らの主張、発信力がイマイチ弱まってしまう懸念だ。リーダーとしての発信力をより鍛えなければ、今後さらなる長期政権は望めないということにもなる。

かつて田中角栄は、部下の竹下登を終始にわたって警戒していた。政策能力もなかなかで、抜群の「聞き上手」をもって田中派内の中堅、若手議員たちの支持を次々と集めていたからにほかならない。こうした議員が中心となって、いずれ派内に竹下グループでもつくり、田中派を乗っ取るのではないかとの警戒心があったのである。それはやがて、現実になっていくのだが…。

そうした竹下の「聞き上手」は、政治における師匠でもあった佐藤栄作の薫陶《くんとう》によるものだった。田中と竹下は同じ佐藤派に所属していたが、陣笠議員だった頃の竹下に、早くも田中は次のような意識を持っていたとされる。

佐藤派時代の担当記者の証言がある。

「初当選を飾ったばかりの竹下に向かって、佐藤は『大事なことは、人の話をまず聞くことだ。人間の口は一つ、耳は二つ。自分で主張する前に、人の話を聞いてやる。聞いてやれば、相手はいい気持ちになって帰っていく。これが人間関係を良くするコツということだ』と説いていた。

その後、竹下は内閣官房副長官、国会対策副委員長などに就任するが、その時代でも徹底して野党に足を運んで言い分を聞いていた。愚直なまでに佐藤の言葉を守ったのである。そのうえで与野党対決法案でも、聞くべきところは聞いて譲り、しかし、最後は自民党の落としどころで決着してみせた。佐藤は田中の腕力を買う一方で、若いながらも〝聞き上手〟の竹下を高く評価していた」

また、こんな話もある。郵政大臣、建設大臣などを歴任し、平成15（2003）年の総選挙を機に引退した中山正暉という元代議士が、首相時代の「竹下流」を語ってくれたことがあった。

「仕事の話で首相官邸の総理執務室に行くと、竹下さん、得意の『ほう、ほう』などと相づちを打ちながら、もっぱら聞き役に徹している。凄いと思ったのは、こちらが得意になって話していると、『ほう、そうか。そりゃあなかなかの話で、たいしたもんだわ』などと、核となる部分を見抜いて繰り返してくることだった。これを繰り返されると、この人は本当に自分の話を聞いて感心してくれたんだと、思わざるを得なくなりましたね。

そして、もう一つ。こちらが話を終えて執務室を出るときにも〝竹下流〟があるんです。絶妙の間合いで『体だけは大事にしてくださいよ』とか『困ったことがあったら、いつでも相談してください』などと口にするので、聞いたほうは何やらほっとする。凄い〝決めゼリフ〟でした」

相手が得意になっている言葉を見抜いて、オウム返しをする。このような形でリピートすることは、相づちを打つことと同様、「聞く技術」に不可欠な要素となる。話をしている相手にすれば共感を得た感触があるので、うれしくないはずがない。

また、この人に会いたい、この人と話したいと思わせる極意でもある。そうした竹下に、田中が一目置いていたのも分かるエピソードと言っていいだろう。

「傾聴力」重視の時代であることの認識

一方、田中角栄の「聞き上手」ぶりは「ワカッタの角さん」「決断の田中」と呼ばれただけに、相手の話半分で結論を出してしまうことが多かった。竹下とは、その〝手法〟がまるで違っていたのである。

例えば、田中は長話が大嫌いであった。毎朝300人ほどという洪水のような陳情客を裁いていた最盛期は、平均3分、長くて5分で、受けるか受けられないかイエス・ノーの決断を下したものだった。

長く田中の秘書を務めていた早坂茂三（のちに政治評論家）から、次のような話を聞いたことがある。

「オヤジ（田中）の話というのは、簡潔、平易、明快というのが特徴だ。そのうえで、

退陣表明についての協議を終わり、田中角栄（右端）に見送られて田中邸を出る二階堂進（中央）と竹下登（昭和49年11月24日）

海外歴訪を終えて深夜の羽田空港に着いた田中角栄（左）を出迎える鈴木善幸（右端）と大平正芳（昭和49年11月8日）

もともと数学が得意な合理主義者だったこともあり、事務所で入れ替わり立ち替わり会う政治家や財界人でも、よほど込み入った話以外はまず3分で済ませた。話に起承転結などはない。あいさつも無用だ。いきなり『おっ』と一言、次にはズバッと結論に入っていく。竹下さんとは、えらい違いだ。

一度、若い政治家の相談が終わったあと、オヤジに『もう少し、じっくり話を聞いてやればいいじゃないですか』と苦言を呈したことがある。すると、オヤジは『何を言っている。いいか、どんな話でも結局、ポイントは一つだ。そこを見抜けば物事は3分あれば片付く。あとは無駄話になる。第一、忙しいワシが無駄話などしていられるか』と息巻いていたよ」

最近の有力企業における社員査定のポイントで、最も重視されることの一つに、上司、同僚はもとより、部下の直言にも耳を貸せる「傾聴力」の有無がある。リーダーもまた、部下の〝査定〟を受ける時代に入ったという認識が必要のようだ。

部下への接し方は、単刀直入の「角栄流」か、気配り、目配りの「竹下流」か。ケース・バイ・ケースで有効な手法を選択する〝技術〟が問われることになる。

第2章
部下としての自覚

「身銭を切る効用」を知る

例えば、上司にいくらリーダーシップがあっても、部下の姿勢が緩んでいてはもとより企業など組織はうまくいくはずがない。「勇将のもとに弱卒なし」が期待されるゆえんだ。ために、部下自身にも相当な自覚が要求されることは言うまでもない。自らを鍛える必要がある。

そこで、まずカネは〝魔物〟であることを知っておきたい。上手に使えば「生きたカネ」になるが、下手なら「死んだカネ」になる。そして、人との関係を握る重要なカギともなるのである。

カネにまつわる田中角栄の特徴は、人からごちそうになることを徹底的に嫌ったことにあった。例えば〝タダ酒〟を飲むことを断固として拒否した。政界入りする前に事業を手がけていた若い頃から、商談での会食で本来は先方が支払うべき場合であっても、田中はひたすら「身銭」を切り続けたのである。

なぜ、そこまで徹底していたのか。田中の元秘書だった早坂茂三が、答えてくれたことがあった。

「一つは、あらゆるところで人に借りをつくることを嫌ったことがある。これはオヤジ（田中）が子供の頃、家が貧しく親戚にカネを借りていた。そのときの屈辱感が身に染み込んでいたからであろう。もう一つは身銭を切ると、自分が額に汗したカネだから人との話も真剣勝負になるという理由で、とくに後者の考え方は徹底していた。他人におごってもらった場合、真剣味ということでいえば、どうしても緩みが出てしまう。真剣勝負、全力投球を旨としてきたオヤジは、何事も〝遊び〟に終始することが我慢ならなかったのだ。〝遊び〟では得るものがないという考え方で、これは若い頃から一貫していた」

後年、田中は首相の座に就いたとき、田中派の若手議員らに向かって、こう言ったことがある。若手議員が他派の議員と麻雀をして、「勝った」「負けた」と言い合っているときだった。

「いいか、麻雀で勝ってはダメだ。振り込んでやれ。負けたカネはワシが払ってやる。

それくらいの芝居ができんようでは、仲間（同志）は増えないぞ」

また、大蔵、通産の両大臣時代には、それぞれの役所にあった〝大臣交際費〟に、びた一文、手を付けることがなかった。次官以下、キミたちで使えということである。官僚たちは喜んだ。自分たちの飲み食いが自由になるうえに、上司は部下に良い顔ができるため、まさに〝角栄様々〟だったのだ。こんなところにも、官僚が田中に親近感を覚えた要因があったのである。

ひるがえって、世の中には身銭を切るくらいなら死んだほうがましと、ひたすら自分の財布を痛めず、経費や交際費で酒を飲み、商売仲間と遊び回っている御仁もいる。田中の考え方を敷衍《ふえん》すれば、こうした手合いは会社組織なら、それ以上の昇進は難しいということになる。

なぜなら、身銭を切らない、つまり痛みを伴わない商談は、しょせん〝遊び〟でしかなく、真剣勝負の場とはならないからだ。やがて上司から「アイツは経費を一人前に使うくせに、営業成績がまったく上がらない男だ」と、舌打ちが出るのもこうしたタイプである。

世の中、安全地帯にいて何を叫んでも、これは真剣勝負とは無縁である。物の本質、事の神髄に迫るには〝遊び〟では無理と知りたい。いつまでたっても観察者、傍観者の域から出ることはないのである。真剣勝負でしか本当の成果は出ないと、男なら身銭を切ることの効用を心したい。

上司をごまかせる「力量」があるか

長い政治家生活の中で、田中角栄が恐れた人物が3人いた。「カミソリ」といわれた後藤田正晴、「武闘派」として知られた梶山静六、そして最愛の「一人娘」田中真紀子であった。

中でも真紀子は、父親が倒れたあとに自ら政界へ進出したが、それ以前は何かと田中の女性問題などについて、執拗に〝抗議〟することも多かった。田中はひたすら娘の厳しさに閉口し、逃げて回っていたものである。

娘である真紀子への感情については、肉親愛の裏返しでもあったろうが、後藤田と梶山に対するそれはある種の〝畏怖〟であり、田中としては両人に警戒の念を抱いていたとも思われる。なぜ、後藤田と梶山の2人を〝畏怖〟していたのか。田中は学歴などで人を峻別《しゅんべつ》することはなかったが、本能的に頭の悪い人物を嫌っていた。つまり、気転が利かない、発想力がない、合理的に物事を処理できないなど、そういった人物は嫌ったのであった。

後藤田については田中内閣が発足する際、警察庁長官を退職するのを待つかのように三拝九拝し、将来性のある人物が就く内閣官房副長官のポストにノーバッジで抜擢した。頭の回転の速さ、政治的な判断能力など、長官時代の働きを見て一目置いていたことが理由であった。めったに人の意見を聞かぬ田中だったが、後藤田の苦言、直言だけは特別で、渋い顔をしながら「そうか」などと聞き入れていた。後藤田に対しては、いわばノーガードで接していたわけである。

その後藤田に、かつて筆者が「将来、伸びる議員の条件は何と思われるか」と、問うたことがあった。答えは次のようなものだった。

「2人や3人の先輩議員をごまかせんような頭の持ち主では、まず一人前にはなれんということだな。これは、会社勤めの諸君だって同じだろう。上司をごまかすには、知識、情報力などが不可欠だ。つまり、勉強してないヤツは上司をごまかせるわけがない。ただし、大事なことが一つある。ひるがえって、上司は部下の目をごまかせんということだ。下からのほうが人は物事がよく見える。『下、三日にして上を知る』というやつだな」

一方の梶山はどうか。時に40歳、茨城県議会で全国最年少の議長として辣腕を振るっていた。相当な頭脳の持ち主である。将来を期して有能な〝手兵〟を物色していた田中は、自らが幹事長時代にこの梶山をスカウトした。すなわち、総選挙に引っ張り出して当選させたのである。当選後は後藤田のときと同様、梶山を内閣官房副長官のポストに就けて、存分に働かせたのだった。

なるほど、田中の目に狂いはなく、梶山は期待以上の働きぶりを見せた。当時は自民、社会両党が対決したいわゆる「55年体制」時代で、政府・自民党にとって社会党対策が政権運営の肝であった。梶山は手練手管を駆使し、時に田中の了承さえ取らず、その難事に対処していたのである。

のちに梶山が幹事長になったとき、当時の社会党幹部は、その「策士」ぶりに頭を抱えてこう言ったものであった。

「自社双方の落としどころを模索しているさなか、梶山さんの手法はまるでガラス細工をいじるように緻密で、誠実な対応でした。あとで考えると、まんまと騙《だま》してくれたもんだと思うことが多々あった。ただし、騙されたとしても、その後のフォローが完璧だったので、われわれも『梶山さんには勝てないな』と諦めるしかなかった」

梶山の力量にはさすがに田中も舌を巻き、こう呟いたことがあった。

「将来、ワシの寝首をかくヤツがいるとしたら、それは梶山を置いてない。ワシが発掘した男だけのことはある」

上司を騙せるか。そのくらいの力量がある部下を目指したいものである。

戦略、戦術でない「人との接し方」

「ワシが何よりも大切にしているのは、人との接し方だ。戦略や戦術ではないぞ」

田中角栄の有名な言葉だが、これを臆測してみると、人と接する場合はまず掛け値なし、まっさらな状態で向かい合うことを心がけよとしている。結果、たとえ自らの人物鑑定が間違っていても、目をつぶれ、相手を許せという「寛容の精神」が、田中の処世訓でもあった。

大正14（1925）年4月、田中は新潟県刈羽郡二田村（現・柏崎市）の二田尋常高等小学校に入学している。田中はこの学校に高等科2年を加えて8年間通い、「終生の恩師」とも呼ぶ草間道之輔と出会うのである。草間は同校の卒業生でもあり、のちに校長を経て、県教育界から絶大な尊敬と信頼を得た人格者であった。

当時、学校で一番大切な場所とされていた講堂の正面には、草間の手になる校訓が額入りで掲げられていた。その校訓は三つあり、「至誠の人、真の勇者」を真ん中に、左右に「自彊不息《じきょうやまず》」「去華就実《きょかしゅうじつ》」とあった。それぞれ、真心を尽くせる人こそ本当の勇者である、常に努力を怠ってはならない、何事も飾らず実直にすべし、という意味である。

のちに田中は自著『私の履歴書』（日本経済新聞社）で、「私という人間のすべては、この校訓に親しんだ8年間につくられたと思っている」と明言している。

また、郵政大臣として母校を訪ねた際に揮毫《きごう》を頼まれ、「至誠の人、真の勇者」としたためる田中の姿を「草間先生がじつにうれしそうな顔で見ていた」と懐かしそうに触れている。まさに、人生は人との出会い、邂逅《かいこう》である。人との出会いによって、初めて「寛容の精神」もまた学び得ることを知ったようであった。

田中がもう一つ、「寛容の精神」を体得したのは、少年期のこんな出来事がきっかけだった。

人生を夢見、15歳で単身上京してまず働いたのは、井上工業という日本橋の土建会社で、その本社は群馬県の高崎にあった。仕事は言うなら〝小僧〟としての雑用係である。ここでは朝5時に起き、掃除などを済ませたあと、昼間は工事現場の手伝いでリヤカーを引き、職人の手配、さらには建築用材の船からの荷揚げなど、沖仲仕まがいの仕事までこなした。

一方で、夜は夜学に通うことを許され、向学心に燃えていた田中は日本橋から自転車を飛ばし、神田三崎町の研数学館、正則英語学校などを掛け持ち、猛勉強に明け暮

大臣室で懇談する蔵相時代の田中角栄（昭和37年7月19日）

れた。そうしたなかで、いささか気短かな田中は現場監督の無理強いに我慢ならず、ケンカをして1年足らずで退職を余儀なくされた。失業である。

以後は新聞広告を頼りに、社長と若い記者2人だけの小さな雑誌社で記者のタマゴを経験したあと、自分から新聞に「夜学生、雇われ度し。住込みもよし」の三行広告を出すといった〝奇策〟も繰り出した。それで声がかかったのが、芝琴平町にあった高砂商会という輸入貿易会社であった。

人生には往々にして、人の考え方を変える〝事件〟に遭遇することがある。少年時代の田中は、この高砂商会で初めて「寛容の精神」を実感することになるのである。

「寛容の精神」を鍛えよ

高砂商会は高級カットグラス製品などを輸入しており、田中の仕事は自転車を駆って、それを得意先に納品するというものだった。ところが、ある日、夜学に間に合うように自転車を飛ばしたことで、カーブを曲がりきれず転倒、日本橋のデパート「高島屋」へ納品するはずの高級カットグラス製品を粉々にしてしまった。

高砂商会の社長の名は、五味原といった。田中はこの五味原に詫び、破損の弁償を申し出たが、五味原は「まぁ、怪我がなくてよかった。そのうえキミがお得意さんに代わりを届けてくれたのは何よりだった」と弁償は不要、むしろいたわりの声をかけてくれたのである。もし弁償となれば、原価で計算しただけでも月給の4〜5カ月分を返上しなければならなかった。田中はこのときのことを振り返り、前出の自著で、おおむね次のように述懐している。

「奥さんを含めて、この五味原さんから『寛容』ということを学んだ。誰でも不注意による過失はある。以後、自分でもこうしたことは絶対にとがめずという原則、処世訓を身につけることができた。ためか、私は一貫して人に恵まれて仕事ができた。つくづく運のいい男だと思っている」

田中は小学校の校訓と若き日の失敗で、おのずから「寛容の精神」を身につけることができた。やがて、それが生きた形で実を結び、政界の階段を駆けのぼる原動力にもなった。いささか儒教的な響きではある「寛容の精神」だが、もう一度、心してみて損はないだろう。

真の「大将」の見極め

「大成したければ、大将の懐《ふところ》に入ることだ」

これが尋常高等小学校卒、若くして事業家としての地歩を築き、やがて政治家として頂点を極めた田中角栄の〝哲学〟であった。筆者が見る限り、田中が大成する過程では、次の4人がその「大将」の対象者として浮かび上がる。

まずは、大河内正敏。昭和9(1934)年3月、知人の紹介を受け、15歳で新潟から単身上京した田中は、この大河内に住み込み書生として採用されるはずであった。大河内は元藩主の家系で子爵に列せられ、貴族院議員にもなり、周囲から「殿さま」と呼ばれていた。

しかし、大河内は単なる「殿さま」でなく、東京帝国大学卒の工学博士で弾道学、火砲構造の権威であった。また、科学者として「科学主義工業」を唱え、渋沢栄一らの支援を受けて設立された理化学研究所（理研）の所長を務め、日本の科学立国化に邁進《まいしん》していた。理研はやがて、長岡半太郎、本多光太郎、仁科芳雄、鈴木梅太郎、池田菊苗ら、そうそうたる科学者を輩出し、「学問の力で、産業の発展、国運の発展を期す」ことに貢献したのである。

その後、理研は「理研コンツェルン」を形成し、日本初の実用ピストンリングの生産をもって、国内では新潟・柏崎のほか朝鮮半島にも進出した。70を超える会社を興した大河内は、一大産業グループの総帥として「三井」「三菱」「住友」「安田」といった旧財閥を向こうに回し、新興財閥としての地位を確立したものである。

さて、15歳の田中が東京・本郷の大河内邸を訪ねたとき、折から不在だったことで住み込み書生のチャンスは遠のいてしまった。しかし、それから2年半後、17歳になって小さな設計事務所に勤めていた田中は、理研関連の仕事を受けた縁から偶然にも大河内とバッタリ出会うのである。

大河内は田中が自分を訪ねてくれたにもかかわらず、すれ違いに終わった過去を残念がったうえで、「理研はこれからも全国に工場を造る。理研で仕事をする気はあるか」と聞いた。田中の頭の回転の速さ、17歳に似合わぬ真摯《しんし》な態度に好感を持ったということだった。

その後、田中は19歳にして製図、機械設計を本業とする「共栄建築事務所」の看板を掲げて独立し、これを機に理研との関係が濃密になっていく。理研から仕事を請け負うことで、事業家として飛躍するきっかけをつかんだ。まさに、真の「大将」を見極めたということになる。

「列島改造」へのヒントを得た秘話

折から日中戦争が始まり、大陸進出の中で「戦時経済」として政府の軍事費が拡大していくなか、田中も理研の仕事で朝鮮半島に渡り大きな利益を上げた。事業家としての基礎を固める一方で、その潤沢な資金はのちに政界入りへの足がかりとなるが、そうした大河内との会話のなかで、田中は生涯を決定づけるヒントを得ている。

大河内は20世紀の日本が人口増加の時代に入ることを予見し、「地方の農村における余剰人口をどう有効に使わなければならないか、その政策なくしてこの国は立ち行かぬ」という考えを持っていた。この国家的テーマについて、ハワイ、南米などへの移民政策も論じられるなか、大河内は「農村工業」という言葉を使って問題解決を提唱したのだった。

「農村工業」とは、一口に言えば農村に都市の工業拠点を移し、都市と農村における経済の平準化、格差是正を目指すべきという考え方である。となれば、農村から都市への人口流出も防ぐことが可能になる。かねてから大河内は持論を披瀝《ひれき》しており、田中にも「農村工業」の概念が強く印象づけられ、理想として頭から離れることがなかった。そして昭和21（1946）年4月、田中が衆院選に出馬した際は公約の根幹となり、のちに「日本列島改造論」として開花するのである。

大河内という「大将」と出会ったことで、田中は華々しい人生への第一歩を踏み出した。そして政界入り後も、常に「大将」の選択を見誤ることなく、その懐に入り込んでついには天下を手に入れたのである。

もとより、どんな世界でも腕力だけでは「大将」になれない。相当の知力、世界観や広い視野、決断力、実行力が要求される。田中は若いうちから「大将」の資質を見極めることが、社会の中で成功する条件だと知っていた。まさに「先見の明」ということでもある。

田中はよく言っていた。

「人を見抜けぬようでどうする。ボケッとしていて、出世なんてできるわけがない」

角栄が「草履」を取った大物たち

やがて政治の世界へ飛び込んだ田中角栄は、ここでも状況をキッチリと見定めた。自らが天下を目指す過程で〝草履《ぞうり》〟を取った「大将」は、幣原《しではら》喜重郎、吉田茂、佐藤栄作という3人の首相であった。田中がそれら「大将」のもとで、どう知恵を発揮したかを振り返ってみると、生きるうえでの〝したたかさ〟も見えてくるのである。

終戦処理に一応のメドがついたのち、東久邇宮稔彦王から首相を引き継いだのが、この幣原喜重郎だった。昭和22（1947）年4月、民主党から出馬した田中が衆院議員として初当選を飾ったとき、幣原は首相の座を吉田に譲ったばかりであった。

当時の民主党は、吉田率いる自由党との関係を重視する保守系の幣原派と、社会党との関係を重視する芦田（均）派で、熾烈な主導権争いが繰り広げられていた。田中は幣原派に所属していたが、田中の元秘書だった早坂茂三が、筆者にこう語ったことがあった。

「幣原は敗戦直後の日本で民主化の促進に尽力する一方、平和外交姿勢を貫いた人物だった。オヤジ（田中）はそれまでカネ儲け一筋の人生だったが、幣原の世界観、広い視野を持った政治観に目を開かされた。幣原という人物を知って、目が覚めたということだった。ために、1年生議員ながら幣原派の台所（資金）を担っていた。のちにオヤジが日中国交正常化など平和外交に力点を置いたのも、幣原の影響によるものだった。その意味で、オヤジの『政治の師』は幣原ということになる」

大将だけに入る「第一級情報」

その幣原は田中角栄の政治家としての資質を評価し、自分の次に首相となった吉田に売り込んでくれた。これには先の早坂がこう続けたものである。

「吉田は1年生議員のオヤジ（田中）を法務政務次官に大抜擢したが、かつてオヤジは『ワシが要職に就けたのは、幣原先生がネジを巻いてくれたおかげだった』と振返っていた。一介の叩き上げ代議士だったオヤジは、戦後政治をけん引した吉田の配下となったことで、優秀な官僚出身議員たちの集まりである『保守本流』の輪に潜り込むことができた」

ちなみに、この「吉田学校」の門下生には、宗門上がりの広川弘禅といった吉田側近の党人派もいた。田中は吉田の歓心を買うため、広川が生臭坊主であることから秘蔵の春画をプレゼントするなど、なりふり構わず〝裏口入学〟に汗を流したものだった。「大将」に接近するには、やはり並大抵の努力では足りぬということでもある。

その後、田中は吉田の弟子である池田（勇人）政権で大蔵大臣の要職を踏み、腕力をいかんなく発揮したあと、佐藤（栄作）政権で自民党幹事長に就任し、ここで党内基盤をつくり上げた。そして、これをテコとして自民党総裁選に出馬、ついに天下取りの舞台に立つことができたのだった。

そのうえで、田中にとって大河内正敏、幣原喜重郎、吉田茂に次ぐ最後の「大将」は、幹事長ポストを任せてくれた佐藤栄作ということになる。

田中が徹底的に尽くしたことで、佐藤は最終的に7年8カ月に及ぶ長期政権をまっとうすることができた。かつて、1年生議員ながら幣原派の台所を担っていたように、当時、佐藤派に所属していた田中は、同派の台所も一身に面倒を見た。要するに、佐藤政権の〝泥〟を一人でかぶってみせたのだった。

佐藤は自らの後継を決める際、官僚出身の福田赳夫に気持ちが傾いたこともあったが、結局は田中によるもろもろの〝労〟を多とし、天下取りを容認した形に落ち着いたのである。かく、田中は人生において「大将」の選択を見誤らず、そうした結果として自ら政界の頂点に立ったということであった。

後年、田中自身はこうも言っていた。

「大将というのは権力そのもので、あらゆる第一級の情報が入る。逆に大将以外には、ろくな情報が入らない。第一級の情報を分析すれば、おのずと自分の置かれている立場、やるべきことの方向性が分かるのだ」

有益な情報のない戦争は、武器を持たぬそれと同義語である。勝ち目はない。出世競争の〝上がり目〟もまた、ないということになる。

「我慢強さ」は勝利へのカギ

田中角栄は長々と話をされるのが嫌いで、秘書や側近議員などは日頃から要点を端的に伝えることを心がけていた。そのため「ワカッタの角さん」というニックネームを付けられるほど、いささか性格も短気だったが、一方で人生の勝負どころでの「我慢強さ」には相当なものがあった。この「我慢強さ」が、ついには田中に天下を取らせたと言っても決して大げさではないのである。

「苦しくて逃げ出すヤツは、結局、何をやってもダメだ」

　これが田中の口癖でもあった。

　田中が郵政大臣、副幹事長を経て党三役の一角、自民党政調会長に就任した際、この「我慢強さ」が、田中を政治家として一歩押し上げた。池田（勇人）政権下、43歳のときである。

　当時の自民党は、最大の〝圧力団体〟でもあった日本医師会との間で、医療費の診療報酬をめぐり熾烈な綱引きを演じていた。一歩も引かぬ日本医師会に対し、それまでの政調会長、あるいは幹事長は、前面に出ても何ら解決の糸口を見いだせないまま、引き下がるほかなかった。その最大のハードルは「大ボス」「ケンカ太郎」の勇名をほしいままにし、国内外に絶大なる影響力を保持していた日本医師会の武見太郎会長であった。

　しかし、政調会長就任からわずか1週間、田中は早くも持ち前の行動力を発揮した。武見が〝鎮座〟する医師会館へ、勇躍、自ら乗り込んだのである。

　じつは、田中と武見の間には、新潟県人という同胞意識があった。武見は京都の生まれだったが、父親が長岡出身ということで新潟への愛着が強く、その墓も本家として長岡にあった。田中はこの関係を突破口として武見に接近していくのだが、こうした〝体当たり戦法〟は田中の一貫した人生作法でもあった。

田中は武見の前で、開口一番こう切り出した。

「私は初めて横綱に立ち向かう十両のようなものです。収拾案をお持ちしたが、これを承知してくださらんと、政府、自民党とも医師会を見捨てざるを得なくなるという事態も考えられます。私としては、真剣に成果を考えたいと思っています」

武見は渋い顔をしながら、「同じ新潟県人のキミに乗り込んでこられてはケンカにならんなぁ」と言った。

むろん、一挙に解決が図れるような生易しい問題ではない。その後も田中は、もう一つの人生作法である「粘り強さ」を駆使して、たびたび武見への談判を続けた。しかし、したたかな武見も譲らず、ついには保険診療の担い手である保険医が全員これを返上する「保険医総辞退」という、〝切り札〟をチラつかせてきたのである。

こうした田中の獅子奮迅の働きにもかかわらず、なお有効な方策は見えてこず、さしもの田中も「使い走りでアホくさいなぁ」などとボヤいたりしていた。すると、自民党の重鎮で時の〝大物副総裁〟である大野伴睦から、「キミ、まとめ役は汗をかくもんじゃ」と〝喝〟を入れられる始末だった。

結局、武見も大物だけに〝潮時〟を見極めるのに敏で、田中が提案した最終的な収拾案を基調とし、「医療保険制度の根本的改正」「医療懇談会の設置」などの付帯事項を盛り込むことを条件に、「保険医総辞退」を撤回したということだった。

田中の手腕を見た大野は、感心してこう言ったという。

「アレはただ者じゃないかもしれんナ」

政調会長としての力量を示してから1年後、田中は池田首相のメガネにもかなって、大蔵大臣に就任することになった。蔵相として国家財政を握り、それをバネに次の佐藤（栄作）政権下では、ついに自民党幹事長に就任、天下取りへの扉をこじ開けることに成功したのである。

人の一生が、平坦で終わることなどあり得ない。必ずやどこかで苦境に立つ。そんなとき、どう対応したらいいのか。田中はよく若手議員に言っていた。

「何事も『踏まれても、踏まれても、ついて行きます下駄の雪』ということだ。つらくても、苦しくても、我慢、我慢だ。例えば、ワシは人の悪口は言わんが、まわりではワシのことをとやかく言っているヤツがいる。まぁ人間社会では当たり前の光景だろうが、悪口にいちいち怒っていたら身が持たん。はらわたが煮えくり返っても、放っておいたほうがプラスになる場合も多いのだ」

ここでの「踏まれても、踏まれても、ついて行きます下駄の雪」とは、難儀な雪道で押し潰されそうになっても、下駄にこびりついた雪はじっと耐え、主人の足元を支えているという例えで、健気さに加えて「我慢強さ」も意味している。

真の「我慢強さ」を体得することで、部下として一皮むけたいものである。部下にとって「我慢強さ」は、上司の信頼を得る強力な才覚の一つと理解したい。

「逆境」と「順境」は心構え一つ

サラリーマンの中には、文句とイライラがスーツを着ているような「不満男」がいる。会社の方針、人事、上司や部下との人間関係など、あらゆることが気に食わず、愚痴《ぐち》と不満たらたらで、1日の大半、眉間にシワを寄せている御仁である。

まぁご苦労なことではあるが、田中角栄はこうした人物を最も嫌っていた。結果、黙々と仕事をこなして汗をかく男を登用し、大事な場面で使ったものであった。例えば、若き日の小沢一郎を買っていたのもそのあたりに理由があり、常日頃からこう言っていた。

「アイツはいい。黙々として、人のために汗を流している。気に食わないことがあっても、愚痴を言わない。こういうヤツが伸びるんだ」

また、田中はこんな言葉も残している。金脈と女性問題で首相を辞任して間もない頃、早稲田大学の「人物研究会」なるサークルの学生から、インタビューを受けたときのことである。

この「人物研究会」とは、各界で話題を呼んでいる〝今が旬〟の人物に、片っ端から会ってみようという学生らしい発想のサークルである。田中は目いっぱい、政治の現況などを解説したあとで、インタビューの学生たちを前にこう結んだのだった。

「キミたちね、自分の置かれた立場をありがてぇことと思わんとダメですよ。寝言を言ったり、不満ばかり言ってるヤツは、人生が終わるまで同じ不満を抱き続ける人間になるぞ。社会が悪い、他人が悪い、政治家が悪いなんて言って、いったい何があるんだ。人に貢献できるようになってから言うべしじゃ」

学生たちはこうした「角栄節」に圧倒されたあと、一様に「これまで会った人とは、全然、違う。凄い人だ」と感に入ったそうである。

田中以外にもう一人、一貫して愚痴と不満の処世を拒否した人物に、大正から昭和初期に首相を務め、日銀総裁、大蔵大臣などを歴任した高橋是清がいた。芸者遊びに興じて三味線持ち（箱屋）となり、ペルー鉱山投資で騙されて一文無しになるなど、まさに〝七転び八起き〟波瀾万丈の人生を歩んだことや、その親しみやすい風貌から「ダルマ宰相」とも呼ばれていた。

高橋は渋沢栄一と同様、わが国の資本主義をリードした人物だったが、昭和11（1936）年に勃発した「二・二六事件」で惜しくも命を落としている。

この高橋の生き方は極めて誠実そのものであり、一方で田中同様「不満男」には脂汗を流させるに十分な、次のような言葉を残していた。

「仕事を本位とすれば、その仕事がどうあろうとも、いかに卑しく簡単であろうとも、ただ一心に務めるばかりである。こうすれば、どこにも不平の起こるべき原因がない。(他人が)よき地位にのぼったとて、われを忘れて失望、落胆することもない」

不満を乗り越えるためには、結局、先の田中や高橋の言葉にあるように辛抱、我慢しかない。人生の命題を出すには、それ相応の時間がかかるということである。おいそれと、結果が出るものではない。

「不満男」は不満が一つ解消されると、また次の〝ネタ〟を探し出す達人だ。これでは人が寄ってこない。得することは、何もないことを知るべきである。

改めて辛抱、我慢、しばし黙々と汗してみることだ。誰かが必ず見ている。愁眉《しゅうび》は、おのずと開けてくると思いたい。

組織の危機にチャレンジできるか

田中角栄が「日中国交正常化」へ踏み切った背景には、日本の食料事情があったとされている。貿易相手として極めて比重が高い中国との間に大きなトラブルが生じた場合、食料輸入がストップし、日本国民の半数が餓死しかねない。そういった懸念を抱いていたため、台湾問題を抱えながらも、あえて「正常化」を決断したということだった。

かく、組織への危機意識を常に持てと田中は教えているようだが、エネルギー資源の確保についても、また敢然とチャレンジしている。例えば、石油である。

それまで石油の供給を米国の石油メジャーに依存していた日本だったが、昭和40年代に入ってからは、輸入の80％以上をアラブ石油輸出国機構（ＯＡＰＥＣ）に依存するようになっていた。

ところが、昭和48（1973）年10月に第4次中東戦争が勃発し、石油危機に直面

尋常高等小学校高等科2年卒業当時の田中角栄(中列左から2人目。昭和8年)

青雲の志を抱いて上京を前に母親のフメさん、
姉のフジエさんと記念撮影(昭和9年3月)

したことで原油価格が高騰、伴ってトイレットペーパーや洗剤などが物不足となり、国民生活は混乱を極めた。さらに、中東諸国はイスラエルを支援する米国、その同調国としての日本にも、石油の供給はできないと宣言。ために、日本は未曽有の経済危機に直面したのだった。

これに対して田中は、もとより原油の輸入を中東だけに依存していることを懸念、北海油田など原油・液化天然ガスの調達先の多角化を模索し、サハリンの資源開発にも参画するという多面的な「エネルギー安全保障」に取り組んだ。

こうした経緯の中で、田中は「総理の犯罪」としてのロッキード事件で、〝主役〟を演じることになった。この事件はいまなお多くの謎が残る戦後最大級の疑獄事件であり、田中の生涯に大きな傷を与えたことは言うまでもなかった。

角栄もう一つの「度量」

かくロッキード事件は複雑な構図を持っているが、簡略に説明すれば田中角栄が5

億円の賄賂《わいろ》を受け取ったという疑惑である。米ロッキード社がトライスター機の日本国内での販売拡大のため、全日空（ANA）、商社の丸紅らに金銭の絡んだ売り込みをしたなかで、田中にも賄賂が渡ったということだった。

結局、田中は逮捕され、のちのロッキード裁判で金銭の授受を全面否定し続けたが、裁判さなかに脳梗塞で倒れ、その死によって真相解明を残したまま裁判は終了してしまった。

その後、ロッキード事件については識者らがさまざまな検証を行ったが、例えば評論家の田原総一朗は、元首相の田中が逮捕までされたのは「米国の〝虎の尾〟を踏んだからだ」という説を発表した。また、こうした見方への支持は多くあった。

田中がソ連（現・ロシア）などに接近し、原油・液化天然ガスの調達に動いたことが、米国の石油メジャーにとって〝裏切り〟であることが一つ。もう一つは、当時のニクソン米大統領が、同盟国である日本の頭越しに中国に接近するなか、田中もまた「日中国交正常化」に動き、エネルギー資源の調達同様、米国の言いなりにならぬことで同国から敬遠された。すなわち、米国の〝虎の尾〟を踏んだことで、罠に落ちたとする見方だった。

一国の首相とは、民主主義国家であれば絶対権力者として国民の上に立つと同時に、国民という〝上司〟を支える〝部下〟でもある。かく、田中は国民の〝部下〟として、危機管理という国益を模索するなかで失脚を余儀なくされたとも言えた。

このロッキード事件は国内外のメディアが、多方面からありとあらゆる報道をしており、なかには田中にとって名誉毀損に該当しそうなものもあった。

ある日、顧問弁護士が「あまりにひどい報道がある。告訴したらどうですか」と問うと、田中はキッパリ言ったそうだ。

「ワシは日本の総理大臣を務めた者だ。自分から日本国民を罪におとすようなことはできない」

ここでは田中の「度量」もまた、浮かび上がるということでもあった。

「テレワーク」の罠を知る

生成ＡＩ（人工知能）の浸透など、このままＩＴ化が進むと、とんでもない社会が出現するのではないかと危惧している。極端な話だが、ビジネスマンなら商売相手との交渉、あるいは上司との作戦会議などをとっても、いわゆる「テレワーク」なら画面に映らぬようパンツ一丁でもできる。真のビジネスとは、もっと高度な緊張感の中で成立するものである。だが、このあたりの〝先行き〟もまったく見えてこない。

そのうえで、ビジネスマンにとってＩＴ化の罠は、直接、人にもまれて鍛えられる機会を失うことである。生で相手の表情を読み、言葉のやり取りのなかで学べるものは数多い。行きすぎたＩＴ社会では心の交流が成立しないため、とことん話し合う過程で生まれる友人もできるわけがなく、ビジネスマンとしての土壌、人脈の拡大とは無縁になってしまう。真の情報も、また入ることがない。

ひるがえって、政界一の情報通、強大無比の人脈を誇った田中角栄の場合は、人と会うことをいとわなかった。とにかく、若い頃から自ら出かけていき、人に会うことを心がけた。それも肩書や地位のある者たちだけでなく、利害損得まったく関係なしの人たちである。

かつて田中派に所属し、長く田中の身近でその言動に接していた元防衛庁長官の中西啓介が、こんなことを言っていたのを思い出す。

「オヤジさん（田中）が連続して人に会い、疲れて休んでいるとき、またお客さんが来ることがある。まわりが気を利かせても、オヤジさんは『わざわざ出向いてきたんだから』と、それでも会っていた。政治家は人と会うのが商売だが、とても私にはオヤジさんのまねができなかった」

田中は常々、こう諭していたという。

「いいか、人と会うことが醍醐味《だいごみ》になってこそ本物だぞ」

また、次のような言葉も残っている。

「大事なことは、気に入らない相手でも全力で向き合ってみることだ。最初から『アイツは嫌いだ』と背中を向けているようでは、とても人脈の裾野は広がらない。ダメな相手、たとえ嫌いな相手でも、背中を向ける必要はまったくない。やがて『よう、元気か』と声をかけられるようになる。いつの日か、仲間になれるチャンスも生まれるということだ」

筆者は若い頃、毎日新聞の政治部記者出身で、テレビ番組のコメンテーターとしても活躍した政治評論家の三宅久之と、親しくさせてもらっていた。その三宅から昭和60（1985）年の元日、東京・目白の田中邸に新年会で出向いたときの話を聞いたことがある。

「あの日の田中邸には、政治家はもとより高級官僚、財界の歴々、新聞、テレビ各社の幹部から、地元・新潟の支援者、田中家と私的なつながりのある人々などが集まり、ごった返していた。

私は早坂（茂三）秘書にあいさつだけして帰るつもりだったが、座敷にいた角さんは私を見つけるなり、『上がれ、上がれ』と声をかけてきた。それで、せっかくだからと少しだけ座敷に上がると、角さんは自分のそばに来いという仕草をして、『何か飲むか』と聞いてきた。私が『では、日本酒を少し』と言うと、自らお銚子を持ってきて、『まぁ、飲め』と酌をしようとするんだ。ふと一升瓶を見ると〝越山・田中角栄の酒〟とラベルが貼ってある吟醸酒だったね。

しかし、さすがに私も遠慮して『いや、手酌でやります。しょっちゅう悪口を言ったり、書いたりしているのに、お酌をいただくわけにはいきません』と断った。すると、すかさず角さん、『評論家は悪口を書くのが商売だ。気にするな。政治家は悪口を書かれるのが仕事じゃないか。さぁ、やれ』と、さらっと言うんだ。あの懐の深さには、さすがに参った」

「人生は50歳までが勝負」と心得よ

「50歳を目安に、とにかく地道にひたすら勉強、努力するしかない。そういうなかで自然に風格も人脈もできてくる。ダメなヤツは、そこまで。上へ行くヤツは、そのあたりで決まるんだ。それが分からんなら、政治家なんかやめちまえッ」

かつて田中角栄は、鼻を空に向けて偉そうなことを口にする田中派の若手議員に向かつて、こう一喝したことがあった。

例えば、サラリーマンの場合なら、会社のため仕事に励んできても、おおむね50歳を境に大きな〝曲がり角〟に立つ。身近に迫ってきた定年を見据えると、この先、自分が役員（重役）になれるか、あるいはその手前の部長あたりで定年となるかが、そろそろ見えてくるのである。別に社長や役員になろうが、部長、課長止まりだろうが、人生の幸福度とは直接関係ないが、サラリーマンにとって、50歳とは一つの大きな〝曲がり角〟であることを自覚しておきたい。

また、サラリーマンにあらず、個人で事業、商売をしている人物も同様で、50歳あたりまでに事業家、商売人としての信用を確立しておかないと、さて、これから一旗揚げようとしても、他人さまはそう簡単に後押しをしてくれない。信用は一朝一夕で手に入れられるものではなく、それ相応の時間がかかるということである。

田中の元秘書の早坂茂三も、かつて筆者にこう言っていた。

「徒手空拳で事業家として成功し、30歳を前に政治の世界に飛び込んだとき、オヤジ（田中）は政治家人生の目標を50歳に定めていた。50代で天下を取ってみせるということだった。結局、54歳で総理のイスにすわったが、この間20年余り、あらゆる努力を辞さなかった」

なるほど、代議士1年生となった田中は、努力の一方で〝泥水〟をすする覚悟を決め、政治家としての道を歩み始めた。まさに「清濁併《せいだくあわ》せ呑む」ということである。昭和35（1960）年7月に発足した池田（勇人）内閣で、史上最年少の就任記録となる44歳で大蔵大臣の重責に就くと、それを〝全開〟にした感があった。

「官庁中の官庁」といわれた大蔵省の職員は、ほとんどが東大法学部卒、それも国家公務員試験をトップクラスの成績で入省した者ばかりである。田中の政治的力量には定評があったものの、尋常高等小学校卒ゆえ、誰もがこれら秀才組に伍して、果たしてやっていけるかと懸念していた。

しかし、田中は蔵相在任中、すさまじい頭脳回転と自信で事務次官以下を平伏させ、積極的な経済財政政策で、自民党はもちろん、大蔵省内にも「田中あり」を定着させていった。当時の党内実力者であり〝うるさ型〟で鳴っていた大野伴睦、河野一郎、藤山愛一郎、川島正次郎といった面々も、そろって「アイツはただ者ではない」と漏

郵政相として里帰り、生家でくつろぐ田中角栄（左端）。（右から）父親の角次さん、長女の真紀子、母親のフメさん（昭和32年7月）

羽田空港で歓迎陣に手を振る（左から）田中角栄、佐藤栄作、福田赳夫（昭和47年1月10日）

らしたものだった。

蔵相に就任した当初、「田中は危なっかしい。大丈夫か」と不安視していた池田首相だったが、高度経済成長期における政策推進のため、田中に蔵相を2年半も任せたのだから、その実力ぶりは知れたということであった。

蔵相ポストでの後半、いささか自信をつけた田中は、秘書にして「金庫番」でもあった佐藤昭子に、こう語ったといわれる。

「ぼんやり天下取りが視野に入ってきたナ」

時に50歳まで5年ほどの時間があった。

気持ちの高ぶる仕事をせよ

また、田中角栄は一方で〝泥水〟、すなわち「濁」も併せ呑むことをいとわなかった。池田首相の後継となった佐藤栄作首相のもとで、引き続き蔵相の任にあった田中は、その半年後、47歳で自民党幹事長に就任した。

当時、日韓基本条約の調印、請求権問題の決着を含む日韓国交正常化は最大の懸案であり、これらの解決を目指す「日韓国会」には、佐藤政権の命運さえかかっていた。田中は野党が徹底抗戦するなか、これを乗り切ってみせるなどの手腕を示す一方、佐藤派の〝台所（派閥資金）〟を維持していくため、もろもろのカネ集めを一人で背負っていた。

のちに田中が天下取りを達成したものの、金脈・女性問題の表面化で退陣したとき、田中派担当記者から、こんな〝薮《やぶ》の中〟の話を聞いたことがある。

「田中は佐藤派の〝台所〟を賄うため、相当に無理をしたという声があった。後日のロッキード事件も、その〝芽〟は佐藤政権時代にさかのぼるとの見方です」

かくして、田中は政界入りから25年をかけ、あらゆる形で信用を身につけ、「人生は50歳までが勝負」という目標を達成したのであった。

一方で、田中は首相の座に就いた後、新潟県小千谷市塩谷地区にコンクリート造りの堅固な「塩谷トンネル」の建設を着手させた。わずか60戸の〝辺境の地〟に、あえて約12億円もの予算を付けたのである。

かつて、このトンネルがないために、住民が〝陸の孤島〟の難儀を余儀なくされ、豪雪に見舞われるなかで多くの死傷者が出ていた。この予算付けに対して、建設省からは費用対効果の面から過剰投資との声が出たが、田中はこう言って反対を押し切ったとされている。

「馬鹿を言うな。命をつなぐ道に、戸数や人数で差がつくか。親、子、孫、このトンネルを皆が通るんだ。そして、皆が故郷を愛するようになる。その場をつくるのが政治家の仕事、政治の役目じゃないか。法律、予算とは、そのためにあるものだ。気持ちの高ぶる仕事ができなくて、何が代議士だ」

どんな世界であれ、人生は50歳までが勝負、そのうえで気持ちの高ぶる仕事に勝負をかけようとした田中の姿が、人々の心を動かした。気持ちの高ぶりのない仕事は、人生において真の勝負たり得ないのである。

第3章
局面打開に秘策あり

「運命に殉ずる」という考え方

「運命の分かれ道」という言葉がある。

若い頃、自分の望んだ生き方が暗礁に乗り上げ、さて、このまま望んだ通りの生き方に固執すべきか、あえて方向転換して違う道を選ぶべきか、思索のしどころである。吉凶どう出るか、どの道を選んでも結果は一つ、あとは運命が決めることになるのは言うまでもない。

田中角栄は運命というものを、どう捉えていたのか。それは、次のような言葉で知ることができる。

「ワシが15歳で新潟から上京し、実業家への道を歩んだのも、あるいは政治の世界に入ることになったのも、天気のいい日に釣りをしていて、ああ、ここはなかなかいい所在だからと、そのまま魚屋になってしまったようなものだ。ただし、その間の一つ一つの出会いには、ワシは誠心誠意、全力投球で当たってきた。運命に逆らうといった実感は、まったくなかった」

「ワシは〝自分の物差し〟ばかりで物を言ったり、事をゴリ押ししたことはないね。大切にしてきたのは、何より人との接し方だった。戦術、戦略を優先させたことは、一度としてなかった。だいたい政治なんていうものは、国民に漂う〝そよ風〟でいいんだ。あまり前に出ると、ろくなことはない。運命を受け止めず、ゴリ押しで進むような政治家に、ろくなヤツはいない」

すなわち、田中にとっての人生の作法は、逆風が吹いたときにあえてそれに抗せず、風に寄り添いながらその場をまっとうする。その後、風が収まるのを待って、また一歩を踏み出すというものだった。

田中のイメージからすると、「千万人といえども我行かん」という強行突破型の人物を想起するが、じつはまったく逆で、むしろ運命に殉ずる考え方、生き方であった。田中が権力者として演じたいくつかの政争も、そうした姿勢が随所にのぞけたものである。

田中の秘書にして「金庫番」でもあった佐藤昭子は、かつて筆者にこんな話をしてくれたことがあった。

「田中事務所には、時々、隠れるようにして野党議員が顔を出すんです。多くは、選挙などでの資金援助の要請ですね。そのたびに田中はホイホイといった感じで、資金を出してやっていました」

あるとき、佐藤が「あの人は、あなたに厳しいことを言ったり、やったりしてきた人でしょ。なぜ、そんな人まで助けるんですか」と聞いた。すると田中は、こう言って佐藤を諭したという。

「いいか、世の中は穏やかな風ばかり吹かん。たしかにアイツは、時にはワシにとってキツイことをやる〝逆風男〟だが、ワシは味方になってくれることまで期待してないよ。大事なことは、いざというとき敵に回らなければ、それで十分な成果を得られることだ。かつて争った相手でも、遇することでいつか味方になり得る日も来る。おまえは政治も人生も、まだ分かっておらんな。こうしたことも運命の一つ、逆らわずに受け止めてやればいいのだ」

佐藤は言っていた。

「田中は〝運命論者〟でしたね」

嫌なことは忘れるのが一番

そうした「運命論者」の田中角栄から、薫陶を受けた一人に梶山静六がいる。先に触れたが梶山は田中が見込んだ男だけあり、昭和44（1969）年12月の総選挙で初当選を果たすと、のちに自民党幹事長、内閣官房長官などを歴任、ついには「大乱世の梶山」と呼ばれるまで存分に力量を発揮した。しかし、この梶山は「運命論者」にして、じつは逆風に極めて慎重に対応していた人物でもあった。

その梶山が、筆者にこう言ったことがある。

「私は、根が臆病なのだ。運命の逆風を常に気にしている。ために、周囲への目配りを欠かさず、物事がこの先どちらに転んでもいいように、常にあらゆる事態に対応できるよう計画を巡らせている。これで多くの逆風、失敗をかわしてきたつもりだ」

物事の行方、結論は神のみが知っている。〝日の出の勢い〟も〝落日〟も神の采配で、どうあれ結論は運命が出してくれる。田中はこの運命に逆らわず、殉ずることで光明を見いだした。

しかし、ただ手をこまねいているだけでなく、全力投球する努力と類いまれな知恵を駆使して、常に逆風の運命と向き合ったことが大事である。

例えば〝運命の分かれ道〟に逆らってゴリ押ししても、いい結果が出ない場合のほうが多い。息子や娘たちが大学入試や入社試験に失敗したとしても、かえって良かったという神の采配もある。希望のA大学、B社に入っていたら、その通学、通勤のさなか、あるいは交通事故などの災難に遭っていたかもしれない。むしろ、試験に落ちたことで、これを回避できたと捉えたほうが、人生において得策ということである。

そうしたうえで、まま運命に背かれたとき、田中自身は次のようにも言っている。

「嫌なことはいったん忘れ、まさに『一日の苦労は、一日にて足れり』で、明日また新たな展開に合わせることだ。結局、食って寝て、嫌なことを忘れることが一番。そのうち運命は順風に変わってくる」

かのイギリスの劇作家、シェークスピアも言っている。

「心労こそ、人生一番の敵である」

この言葉を受けたような田中の弁もある。

「だからこそ、人にはできるだけ優しくしてやれ。困ったヤツは助けてやれ。これで、安らいだ一日が過ごせる」

安らいだ気持ちのなかにこそ、運命の逆風を順風に変えていく「逆転の余地」が生まれる。雑駁《ざっぱく》に言えば、心の持ちよう一つで運命の風向きは変わるということである。これも「角栄流」発想の転換で、心して決して損はないようである。

「逆転の発想」を学ぶ

すさまじい勢いで世の中の変革が進み、硬直した過去の定規では物事が測れない時代になっている。かつて、田中角栄はそうした世の転変に対抗するように、発想の大胆さ、ユニークさを見せつけたものであった。

例えば、新潟の豪雪を単にやっかいもの扱いするのではなく、豊富な水資源、すなわち〝財産〟であるという認識で捉えていた。大蔵省に道路財源がないとなれば、高速道路を受益者負担で有料化、また自動車重量税（トン税）を取ればいいと、誰もが気づかなかったアイデアをポンポンと出しまくった。霞が関の官僚が田中に〝脱帽〟した理由は、こうした発想の転換にもあったのである。

田中自身は発想の転換の〝神髄〟について、次のように語っている。

「ワシの発想というのは、言うならガリバー的ということだ。それは物事を鳥瞰《ちょうかん》的、俯瞰《ふかん》的に見ることで、例えば苦しい財政のなかでも、頭を絞れば財源はいくらでも見つかる。また、道路問題ひとつ取っても、狭いの広いのと専門家たちは言うが、結局のところ結論はなかなか出てこない。どれだけ道路の広さが必要なのかを弾き出すには、実際に車やオートバイを置いてみりゃいいんだ。そのうえで下水幅を取り、歩道を造ってみりゃいい。

地価の問題にしても同じで、建物を2階建てから6階建てにすれば、地価は3分の1に下がったことになる。10階建てなら5分の1になる。発想の転換とは、物事を逆から考えてみることだ。決して難しいことではない。いくら議論し、本を読んだところで、そのあたりが分かっていないと発想の転換はできない」

また、こうも言っていた。

「若い頃、ワシは設計図を描くとき、いつも初めからぶっ書き、実線を引いたものだ。よく昔、書の名人が木の看板に向かったとき一気に書いてしまって、下のほうが余ったら木を切ったという逸話があるが、私の発想はすべてそれ式だ」(『文芸朝日』昭和38年6月1日号)

これらの言葉から探ると、田中はある懸案と取り組む場合、プラスの要因がマイナスのそれよりどのくらい多いかをまず考え、少しでもプラス要因が多いと判断した場合は、躊躇《ちゅうちょ》なく方向転換させていたことが分かる。

政治の世界で長い間、大胆な発想の転換ができなかったことに、人員削減に直結する「行政改革」があった。結局、歴代の政権リーダーも腰が引けてなかなか前に進めなかった。これは、いまにしてあまり状況は変わっていない。

しかし、田中は首相になるはるか25年以上前、29歳の初当選時からすでに「行政改革」へ向けて次のような提言をしていた。田中の元秘書だった早坂茂三が明かしているが、その頃からして田中の発想は斬新だった。

「行政機構を本当に改革するには、まず行政責任の確立ということが、どうしても必要となってくる。そのためには自民党や役所の上のほうで、大きな方針や具体的な対策を決める。それを各行政機関の政策として採用させるのだ。もし反対だというのなら、『じゃあ、対策を持ってこい』と下部を指導しなければならない。

そして対策を持ってきたら、上部でその取捨選択をすれば、役人の数はいまの10分の1で済む。だから、役所の明確な責任体制をつくるためには、公務員の総定数を半分に減らし、逆に局長を3倍、5倍に増やすのがいいんだ」

ベストがなければベターがある

さしもの田中角栄の発想転換も、もとよりうまくいかない場合がある。しかし、その程度でくじけない粘り強さが、田中の神髄ということであった。

田中は、こうも言っていた。

「とくに、政治家にはオール・オア・ナッシングという考え方は存在しない。となれば、まず最善手を指し、次善、三善の策を考えられないようでは話にならない。ベストがなければ、ベターがある。策を弄するのではなく、策を取り込むということだ。そこらあたりに知恵が回らぬようでは、おのずと先は知れている」

こうした「角栄流」に、常に翻弄《ほんろう》されていたのが三木武夫であった。例えば三木は、佐藤栄作が「4選」をかけた昭和45（1970）年10月の自民党総裁選に、対抗馬として名乗りを上げた。

時に、佐藤派の「代貸」でもあった幹事長の田中は、佐藤の「4選」を推進するため〝三木つぶし〟に動いた。田中のもとに出馬の〝仁義〟を切りにきた三木は、こう言ったとされる。

「ウルトラCを出して私をつぶさんでくれよ。キミはまったく何を考え出すか分からんからなあ…」

結局、三木は田中に〝包囲網〟を敷かれて総裁選で惨敗、むしろ田中の凄腕ぶりを自民党内に知らしめる結果となったのである。このあたりから、田中の知謀と政治手腕に対して、党内から称賛の声が出るようになった。

「万策尽きたら角さんのところへ行け。発想の転換を伝授してくれる」

最近はあらゆる情報、知識といったものが、簡単に手に入る時代である。そのため「情報戦争」「知識戦争」で大差がつくことがなく、となれば最後の勝負手は、大胆な発想の転換ということにならざるを得ない。

例えば、「パナソニック（旧・松下電器産業）」「ソニー」といった世界に伍する企業の第一歩も、こうした大胆な発想の転換をたずさえての、町工場からの出発だったことを忘れてはならないのである。

「悪評」突破のリーダーたち

組織の中で強いリーダーシップを発揮し、仕事を積極的にすればするほど、一方でやっかみや批判の声が出て、自らの思いとは別に「悪評」が立つケースがままある。

政治の世界でも、例えば吉田茂は「サンフランシスコ講和条約」、岸信介は「日米安保条約改定」、そして田中角栄は「日本列島改造」をトップリーダーとして決断したが、それぞれ国民、あるいは与野党からの批判、反対の声は付いて回った。しかし、彼らは誰が何を言おうと、少なくとも政治家としての信念、使命感の完遂を譲ることはなかった。

政治は、すべて結果責任である。結果責任を恐れて、何もやらない政治家は〝無用の長物〟でしかない。どんな世界でも毀誉褒貶《きよほうへん》やむを得ずがリーダーの心得である。先にも触れたように、田中はよくこう口にしていた。

「仕事をすれば批判、悪評が出て当然だろう。ワシの評判が悪くなってきたら、田中は仕事をしているんだと、まぁ、こう思っていただきたい」

一方、プロ野球の世界でも、かつてそうした「悪評」の批判に耐えた名将がいた。西武ライオンズの監督として、常勝軍団の礎を築いた広岡達朗である。

広岡の厳しい指導は、当然のように選手間の陰口、ファンの批判なども無縁ではなかったが、ライオンズが強くなるにしたがって広岡への「悪評」は徐々に姿を消していった。

広岡が目指したものは、まさに発想の転換であった。

例えば、監督を退任したあとのインタビューで、広岡は「選手が嫌がっても教え込め」「選手を育てるためにあえて酷評する」「監督（リーダー）は選手に憎まれることから始まる」などと語っている。

「（厳しすぎという悪評に対して）僕は厳しくもなんともないと思っていますよ。どこが厳しいというのか、ですね。選手の遊びを公認したらどうかとか、こういうときは自由にさせていいんじゃないかとか言われますけどね。自分の意思で、自分の責任においてある程度、羽を伸ばすというのはいいけれど、それを指導者が『やっていいんだよ』という筋合いのものじゃない」（月刊『致知』平成元年1月号）

「喬木、風に折らる」は当然

さて、政治の世界に話を戻すと、田中も信念を譲らぬ人物だけに先の広岡と同様、組織（田中派）内からも陰口としての批判はあった。どんな世界であれ、組織のリーダー、親分を公然と批判できるものではない。炯眼《けいがん》の田中はそのあたりを十分に見抜いており、次のような対処法で切り抜けたと公言していた。

「リーダーなら決断は不可欠だ。ワシはこれでなければダメだとは言わない。常に二者択一案を出し、結論は1週間ほど〝塩漬け〟にしておく。異論があれば聞くが、出なければワシの決断でいく。これで、批判はかわせる。それなりの〝手続き〟を踏むのは当然だ」

田中は事前に幹部の意向、派内の大勢がどうなっているかの情報を入手し、きちんと分析したうえで「案」の提示を行っていた。最終的に「田中案」が通るのは当然だったということである。

「喬木《きょうぼく》、風に折らる」という言葉がある。丈の高い木（喬木）は、強風の被害を受けやすいという意味で、地位や名声のある人が他人からうらまれやすく、トラブルに巻き込まれやすいことを表している。

田中は事なかれ主義が一番いけないとしていた。いずれの世界でも、非凡なリーダーだからこそ、一方で「悪評」がついて回るのも当然と受け止めたい。

「雌伏の時」の対処法

田中角栄は時の吉田茂首相に目をかけられ、1年生代議士にして法務政務次官ポストに就いたが、昭和23（1948）年11月、炭鉱国家管理法案をめぐる汚職である炭鉱国管疑獄事件に連座したかどの収賄容疑で逮捕された。どうにか「獄中立候補」で再選を果たしたものの、以後、しばし中央政界ではポストもなく、無聊《ぶりょう》の日々を余儀なくされた。このままでは選挙民にも見放されかねない。政治家として最も苦境の「雌伏《しふく》の時」を迎え、まさにピンチであった。

田中という人物の凄いところは、ここである。例えば、ビジネスマンでも大きな商談に失敗して会社に厳しい目で見られたり、場合によってはそれが原因で左遷されたりすることもある。大方の人間は落ち込んで当然だが、田中の場合は無聊の時間を有効に使い、次のステップへ向けてのバネにしてしまうのだ。その生き方は、凡百と比べて常に発想の転換が際立っていたのである。

山一證券への特別融資の発動を発表（昭和40年5月）

そうした一例に「只見川騒動」があった。只見川は、福島県と群馬県の県境にある尾瀬沼を水源として、まず田中の選挙区がある新潟に流れ、さらに福島へ蛇行したあと、再び新潟に戻って阿賀野川に合流、日本海に注ぐ。作家・三島由紀夫の『沈める滝』に登場する、渓谷美豊かな名川の一つである。

時に、わが国のエネルギー資源の中核を成してきた石炭は、いよいよ先行きが憂慮され始めていた。そんななか、推定包蔵電力150万キロワットとされた只見川上流のダム開発は国家的事業であり、当時のカネで1000億円、現在の貨幣価値にすれば1兆円前後という資金が投下された。この「騒動」は莫大なカネをめぐる新潟県と福島県の〝利権争い〟で、まさにドタバタ劇とも言えたのである。

新潟側は只見川の水を貯めて落とすことで、発電と農業用水に使うべく「分流案」を強く主張。1000億円事業の〝うまい汁〟を福島に一人占めさせてなるものかと、強引に割って入った感があった。一方の福島側は、只見川の水流に沿って階段式のダム建設を考え、それに伴う巨額の補助金を狙っていた。

さて、この1000億円をかけた利権誘致合戦で、新潟側は当時の県知事・岡田正平のほか3人の県選出代議士を〝工作員〟とした。のちに新潟県知事にもなる「ツーさん」こと塚田十一郎、厚生大臣となる「ナベちゃん」こと渡辺良夫、そして「角さん」こと、まだ30代半ばの田中角栄であった。

塚田は田中が総選挙に初出馬した際、有力な支援者であったが、その潤沢な資金の一部を懐に入れ、田中そっちのけで自分も出馬してしまったという、したたか極まりない男であった。田中もまた中央政界では無聊をかこっていただけに、まさに腕の見せどころ、大いにハッスルしていた。

一方、この「騒動」は連日の供応、買収の華やかさでも知られていた。只見川をもじって「タダ呑み川」といわれたように、当時の2億円、現在なら20億円ほどが新潟、福島両県の「調整」と称した宴会費用に消えたという散財ぶりであった。

この「只見川騒動」は二転三転の末、結局、足かけ7年の昭和28（1953）年、政府の最終妥協案により一部を新潟県へ分流する形で決着をみた。新潟への分流量は、只見川の年間流量13億8000万トンのわずか5・6％で、当初の要求分流量がベラボーな75％だったことからすると、新潟側の完敗に見えた。

しかし、田中としては密かに「してやったり」であった。表面的には「水」で争いながら、じつは初めから道路整備という膨大な付加価値、権益を先読みしていたからである。新潟への分流のため、ダム建設工事は政府出資の電源開発株式会社（電発）が請け負った。

昭和29（1954）年の春から、いよいよ突貫工事に着手した。高さ157メートルの巨大コンクリート壁、奥只見ダムを前人未踏の地に造らなければならない。そのためには上越線の小出駅から湯之谷村（現・魚沼市）の大湯温泉まで、砂利、機材を運ぶ10キロの直線道路を造り、次いで22キロ先のダム建設地まで、山また山をブチ抜いてトンネル道路を造る必要があった。

田中のヒラメキはまさにここにあり、この工事でいち早く新潟県民が潤った。当時の工事関係者の証言がある。

「トンネル工事は当時のカネで40億円、新潟県が始まって以来の大事業になった。奥只見には飯場が林立し、県外からも土木作業員が集められ、その数は7000人を超えた。とくに北魚沼郡の農民は田んぼを耕しているより、よっぽどゼニになるということで、いっせいに作業員に〝転向〟してしまった。北魚沼に土建業者が増えたのは、その名残だった。

工事で札束がどんどん入ってくるもんだから、みんなすっかり頭がおかしくなり、連日連夜、大湯温泉でドンチャン騒ぎをやったもんです。一方で田中が社長を務めていた長岡鉄道も、砂利、機材の運搬や独占販売で大儲けしている。水で争い、道路をタダで造らせ、その上で地元住民が潤う。田中のとんでもない頭の良さには、誰もが感心しました」

田中角栄の超頭脳はこれに収まらず、さらに先を読んでいた。こちらは地元記者の証言がある。

「道路を造るため用地買収は割高となり、周辺の地価もハネ上がって付近住民はここでも喜んだ。また、豪雪地帯ゆえに除雪事業があり、トンネルは補修事業が不可欠。これが長らく公共事業として周辺住民、および田中自身を潤すことにもなった。さらに田中は頃合いを見て、工事専用道路の新潟県への払い下げを持ちかけ、同時に県道に申請して通してしまった。これにより、道路補修はすべて県が面倒を見ることとなり、補修の仕事で地元の土建業者がさらに潤うことになった。

まさに〝一石五鳥〟の経済効果で、以後、とりわけ南越の魚沼地方を中心に、田中は『使える政治家』として認知されることになった。この只見川騒動をきっかけに、選挙基盤も強固になったわけです」

その後、力を付けすぎた田中は佐藤栄作首相の警戒心を招き、自民党の幹事長ポストをはずされ、党の都市政策調査会長という閑職を与えられた。昭和42（1967）年3月のことである。

しかし、田中は「只見川騒動」と同様、約1年間の「雌伏の時」を有効に使った。優秀な国会議員、官僚などを集めて勉強会を立ち上げ、のちの天下取りで掲げた「日本列島改造論」の下地、ビジョンの原点である「都市政策大綱」をまとめ上げたのである。ここでも自民党内、メディアから大いに脚光を浴びたものであった。

「雌伏の時」を単に下を向いて過ごすか、田中のようにむしろ時間を有効に使ってみせるか。人生の〝分かれ目〟にもなることを心しておきたい。

「建前より実利」の発想

田中角栄における発想の転換とは、徹底的な実利主義、すなわち世の建前を捨ててかかるなかで多く見られる。次のような事例がある。

ロッキード事件で逮捕、保釈された田中と〝入れ替わり〟で東京拘置所に入ったのが、建設、運輸大臣などの閣僚経験者で、田中派の幹部でもあった橋本登美三郎だった。この橋本が逮捕された直後、田中の妻・ハナは気落ちしているであろう橋本の妻に、見舞いの花束を届けさせたのである。橋本夫人からは、さっそく田中邸にお礼の電話が入ったのだが、ちょうど受話器を取ったのが田中自身であった。

「奥様から花束を頂戴いたしまして…」

礼を述べる橋本夫人に、田中はこうまくし立てたのである。

「花束だ? 何だ、そりゃあ。花なんか、ちっとも役に立たんのに…。小菅（東京拘置所の通称）はね、食い物、まず食い物だ。小菅のことはワシが一番よく知っている。

まぁ、ワシがあとのことはよろしくやるから、心配はせんようにしなさい」

それから間を置かず、東京拘置所にいる橋本のもとには、栄養バランスの行き届いた食べ物が届けられ、その差し入れは橋本が保釈されるまで連日続いたのだった。

ここでのポイントは、田中が形式より常に実利に重きを置くという〝手法〟で、人の心をわしづかみにすることにある。とりわけ田中は、人が困ったときに何が一番必要なのか、瞬時に理解する達人でもあった。

先のような場合、花束をもらって不愉快になる人間はいないが、田中は直裁的に現状の不自由さから解放してくれるほうが、実はよほどうれしいという〝本性〟を見抜いていた。あらゆる欲望を縛ってしまう拘置所では、胃袋をおいしく満たしてくれることが、何にも勝るありがたみとなる。この〝花より団子〟こそが、「角栄流」発想の転換の原点ということになる。

だからこそ冠婚葬祭でも、結婚式には皆が喜んでいるのだから、無理して出席しなくてもいいという考えだった。しかし、皆が悲しんでいる葬式にはでき得る限り出席し、遺族なりを激励するのを常としていたという。

一方、かつて渋谷直蔵という福島県選出の自民党代議士がいた。田中の〝政敵〟であった三木武夫元首相の側近である。その渋谷が、筆者にこう話してくれたことが思い出される。

「昭和55（1980）年10月に家内が亡くなり、葬儀を東京で、その1週間後、本葬を福島でやりました。遺骨を持って帰った夜に、地元秘書が『政界では田中角栄先生からの生花が一番早く届きました』と、耳打ちしてきたんです。

ところが、本葬まで1週間もあったのに、この花がまったく枯れていない。秘書に重ねて聞くと、『田中先生のほうから、しおれるといけないから途中で新しい生花に替えておいてほしいと、花屋に指示があったそうなんです』と言う。

さすがに、それを聞いて仰天した。私は田中派とは距離のある人間です。花などを頂くことは多いですが、そこまで気配りしてくれた人は一人もいませんでした」

後日、渋谷が田中事務所にお礼に行くと、田中は渋谷の肩を抱きながら「大変だったなぁ」と激励したそうである。渋谷は筆者に、こう言葉を継いだものだった。

「なんともうれしかった。なるほど、角さんあっての田中派で、その団結力の強みを見た思いがしたものです」

かく、田中の発想の転換は、多くの人々の琴線に響くことが多かったのだ。

「将を射るには、まず馬を射よ」

他方、田中角栄が郵政大臣として初入閣した折には、こんな発想の転換を見せつけて、政治部記者たちのド肝を抜いたのだった。経緯は、こうである。

大臣就任から1週間後、田中は東京・赤坂の料亭に郵政省を担当している新聞各社の記者を集め、親睦の宴会をやった。

さて、宴会がハネたあと記者たちが料亭の玄関口に出ると、お土産用の包みを渡された。ところが、どうしたものか1人につき二つずつくれるのである。記者が不思議に思っていると、玄関口に送りに出た田中が言った。

「一つは奥さんに持って帰ってくれ」

のちに記者の1人は、こう感嘆していたものである。

「当時、こんな気配り、柔軟な発想ができた若い政治家など皆無だった。その後、手土産を渡された奥さんたちは、多くが『気の利いた素敵な大臣じゃないの』と口にしていたそうだ。それで記者たちも、心情的に田中の悪口を書きにくくなった」

また、こうした〝奥さん攻略〟という搦《から》め手の発想には、次のようなエピソードも残されている。

「田中が建設省を動かし、地元の道路が整備された。その竣工式の予算は60万円だったが、田中は式そのものの費用を30万円に切り詰めさせ、残った30万円で関係した建設省の役人とその奥さんに、着物の反物を買ってしまった。

田中のやり方は徹底しており、事前に奥さんたちの年齢、体形、雰囲気を〝調査〟したうえで、自身で『これは誰それさんが合う。こっちのは誰々さん向きだ』と、反物をそれぞれ指定していた。似合わない柄などをもらっても無用の長物になってしまうので、相手の身になって考える田中の発想は、徹底して実利的であったということです」（新潟の地元記者）

「将を射るには、まず馬を射よ」の名言もある。気配りが光る〝奥さん攻略〟という発想の転換を見習いたい。

「大胆発言」の有効性

田中角栄が局面の打開に動くとき、あらかじめ「最善の策、次善の策、三善の策」まで用意し、万全の構えで臨んだことは先にも記した。なかでも特徴的だったのは、いよいよ〝潮どき〟となる三善の策あたりで、それまでの流れを一変させるような「大胆発言」をもって、一気に局面を打開することだった。

昭和40（1965）年5月、大蔵大臣時代の田中は「山一證券」に倒産問題が急浮上したとき、最前線で救済に奔走している。田中蔵相は当初、山一を支えていた当時の富士銀行、三菱銀行、日本興業銀行に救済融資を強く要請したが、返済に期待が持てないと主力3行の腰は引けていた。

当時の株式市場において、機関投資家の株保有は今日ほど多くなく、個人投資家が60％を超えていた。ために、山一が倒産となれば景気や経済、すなわち国民生活に甚大な影響を与えることが避けられなかった。こうしたなかで、田中は日本銀行に矛先を向けた。もはや「日銀の特別融資しかない」という大胆な発想である。

しかし、日銀による一民間企業の救済は前例がなかっただけに、これには大蔵省幹部、日銀当局がそろって反対した。対して、田中はこう言い切ったのだった。

「一般投資家に不安を与えることはできない。日銀の通常の資金繰りの枠内で、弾力的な配慮は当然だろう。また、これは無担保、無制限の貸し出しとなる」

時の蔵相のこうした強い発言に、さしもの大蔵省事務次官、局長、日銀総裁も「日銀特融」を呑むほかなかった。

かくて、日銀法二十五条が発動され、山一へ282億円の特融が決まった。これにより株式市場の大混乱は回避され、山一も再建軌道に乗って、当初の予定より数年早く日銀への返済を果たしたのである。水際立った田中の発想、決断であった。

かく、窮地に立ったとき、田中のように大胆な発言、手法で局面を打開していくことは、かなり有効と言えるのである。

「角栄節」に見る発想の豊かさ

「意表を突く」という言葉がある。皆が当然と考えているとき、まったく違った言動で関心を惹きつけてしまう。これも、大きな発想の転換の一つと言える。

そこで「角栄節」として絶対の人気を誇った演説、スピーチ、あるいは発言の中から、そうした例証を抜粋、網羅してみることにする。思わずニコリとしてしまうもの、なるほどと感心せざるを得ないもの、例え話のうまさなど、誰もがこの「角栄節」に取り込まれてしまうのである。

「皆さんッ、新潟には雪がある。豪雪、困るねぇ。しかし、雪は水だ。水は生活の基本だ。つまり雪は資源、いや財産ということなんです！」

「東京で酔っ払って道路で寝転んでいても、パトカーが来て保護してくれる。しかし、北海道の山奥でそんなことをしていたら、熊に襲われるのがオチだ。それなのに、住民税は北海道のほうが高い。そういう格差はなくそうじゃねぇですか。

まぁ、北海道の鉄道は100年赤字だ。100年かかって赤字でも、鉄道を築いてから、たった4万の人口が560万になった。北海道から鉄道をはずしてごらんなさい。熊だけになってしまう。それが、日本列島改造計画ということなんであります」

「総理大臣には強いリーダーシップをなんていう人がいるが、そんなもんは必要ないんです。ありすぎると、かえってよくない。他人の言うことをよく聞くほうがいいんですよ。そういったことからすると、鈴木善幸クンはなかなかのもんです。鈴木クンは、じつは田中派だなんて書いてあるが、これは間違いだ。私が、鈴木派ということなんであります！」

「(旧ソ連のブレジネフ書記長と北方領土交渉での会談で) これは日本古来の万病の薬『熊の胆』で、熊の胆のうを乾かした貴重品だ。(ソ連では、毎年、熊が何千頭も獲れるとのブレジネフ書記長の言葉に) ありがたい話だ。ソ連のそうした熊は、日本が買い取ろうじゃないか。これは平和な取引だ」

硬直した交渉の空気がこのやり取りで一変し、その後、田中は日ソ共同声明のなかに「北方領土問題は戦後未解決の諸問題」との字句を明記させることに成功した。シビアな外交交渉にスッと〝熊の胆〟話を持ち出すのも、見事な発想の転換ということになる。

「私はねぇ、いま年間300人ほど大学卒業者の就職を面倒見てますよ。ところが、この5年くらいで、半分はいい職場があるなら（新潟に）帰ってもいいという者が増えている。まあ、5年もたてばシャケも川に戻ってくるわねぇ。命をかけて行った嫁も、戻ってくるじゃねぇですか」

「目先のにぎり飯（所得税減税）もさることながら、柿の種（企業減税）をまいて、それが木（国民経済全体）に育てば、おいしい果実（将来の所得税減税）はおのずから食べられるようになるッ」

「朝、テレビのニュースを見ていたら、野党の諸君は『自民党の過半数を割らすことが目標だ』と言っていた。何を抜かすか。ただ割らすんなら、これは相撲と同じだ。日本の政治でしょ。他人の馬が転んで喜んでいるようじゃいかんッ」

「いまの自民党というのは、まるで柵のなかにメス象（大平正芳首相）が寝ていて、そのまわりを痩せたトラ（福田赳夫）とハイエナ（三木武夫）、それにハゲタカ（中曽根康弘）

なんかがウロウロしているようなもんだ。野党のヤツらは、柵の外で見ているだけだねぇ。それでは無所属の田中となると、頭を柵の外に半分出しているライオンであります。ええですかッ。トラやハイエナやハゲタカは、いま勝手なことばかり言っておるが、メス象が本気で怒りだしたら怖いぞ。手に負えなくなることが分かっておらんのであります！」

「社会党のように、無防備、無抵抗、中立なんてダメだねぇ。もし、皆さんの家に強盗が入ったらどうする？　父ちゃんが壁のほうを向いて無防備、無抵抗、中立だなんて言っていたらどうする？　家族を守る力がないと、奥さんは（実家に）帰ってしまうわねぇ」

「タイよりイワシだ」

昭和53（1978）年4月18日、田中角栄の母・フメが86歳で死去した。前年1月から、すでにロッキード裁判の審理が始まっており、心痛、癒えぬなかでの死であった。筆者は新潟で営まれた葬儀・告別式の模様を取材したが、当日、田中の実家の前には、じつに450メートルにわたって政財界の歴々から届いた花輪が並び、その〝盛大さ〟にド胆を抜かれた思い出がある。また、田中派からは幹部の二階堂進をはじめ数十人が参列していた。

その前日、田中の姉がそうした参列者に「せっかくだから皆さんに、おいしいタイでも出しますか」と口にすると、田中は次のように言い放った。

「何、タイだと。タイなんてヤツらは毎日食っている。珍しくもない。イワシにしろ。あれの焼き立てが、いまは一番うまいんだ」

姉は「イワシなんて恥ずかしくて人前に出せない」と言ったが、田中はなお「イワシでいいんだ」と押し切ってしまった。

当日の朝、田中の実家は煙に包まれた。広い庭に近隣の主婦たちが〝七輪〟を持ち寄り、一斉にイワシを網で焼き始めたからであった。筆者が見た限り七輪の数は少なくとも十数個あり、二階堂あたりが顔をほころばせて、あちこちの田中派議員からも「うまい」という声が聞かれた。

そのなかの若手議員が、こんな話をしていた。

「田中先生の発想は、一見、常識とかけ離れていることが多い。このイワシも実際、皆さんに喜んでいただいている。タイだったら、なーんだということで終わっていました。田中派に集まった人たちは、こうした先生の発想の豊かさに惹かれた部分が、少なくないということなのです」

かく、発想を一つ変えた「角栄節」は、常に人々を惹きつける。見習って損はないのである。

「脇役」としての生き方がある

人間には、それぞれの〝持ち分〟がある。

野球に例えると、分かりやすい。常に打率3割、本塁打40本を期待される主砲や、四球でもデッドボールでもとにかく出塁し、盗塁を決めてはチャンスメーカーになる小回りの利く選手がいる。どちらが優秀かという判断は難しい。チームという組織は一方だけでは成り立たず、主役と脇役が絶妙なマッチングを見せると、とてつもない力を発揮するものである。

これは企業や政党などの組織も同様で、リーダー的な存在ばかりでは成り立たず、表に出なくとも黙々と仕事をこなしていく人物がいることで、組織は巧みに機能することになる。最大141人までの派閥を率いた田中角栄は、そのあたりを重々承知のうえで部下を適材適所のポストに就け、派閥という組織を活性化させていた。

田中は自派の若手議員に、よくこう叱咤《しった》激励していた。

「てめぇは選挙区で『やがて総理大臣になってみせる』などとほざいているようだが、おまえに何ができるというんだ。自分にどんな資質があるかも分からんで、何を言っている。よく考えろ。もっと勉強してから物を言えッ」

ここでは人に好かれ、頭脳明晰のうえ人心掌握術に優れた人物が、組織のトップを目指すのは当然とする一方で、人はそれぞれ特有の資質、持ち味を十分に生かすべきであることも示唆している。首位打者、本塁打王にはなれなくても、渋い選手として生き残る。人生は主役を目指すばかりが能ではない。脇役には脇役としての妙味があ

ゴルフを前に握手する田中角栄（右）と福田赳夫（昭和45年8月）

おばあちゃんたちの差し出す手を握り締めて声援に応える（昭和51年11月17日）

り、そこを目指していくのも、ある意味で逆転の発想に通じるということである。

田中が主役、つまり首相の座が務まるとにらんでいた田中派幹部の一人に、のちに副総理や内閣官房長官として「名参謀」の名をほしいままにして、中曽根（康弘）政権などを支えた後藤田正晴がいた。

その後藤田が、よく口にしていた言葉がある。

「人には、それぞれ〝分際〟がある。人様が（自分を首相に）推してくれるのはありがたいが、私が床の間にすわって似合う男でないことは、自分が一番よく分かっている。自分の〝持ち分〟をしっかりやる。そうした生き方でいいと思っている」

「勝ち馬」を見定める能力を磨く

この後藤田以外にも梶山静六、野中広務などは、政界の頂点に立たずとも自民党幹事長という要職で存分に知力を発揮したが、さらにさかのぼれば、戦後の政界に「名脇役」として大きく名を刻んだ人物がいた。川島正次郎である。自民党幹事長、副総裁を歴任した大物政治家だが、主役の座を目指すことは一切なかった。

際立った寝業師《ねわざ》としても知られた川島は、その凄腕の「調整名人」ぶりから「カミソリ正次郎」「ズル正」「小判鮫の川島」「トボケの正次郎」といった、ありとあらゆる策士の代名詞を頂戴していたが、どんな陰口にも素知らぬ顔でケロッとしているのが持ち味でもあった。

そして、自らこう豪語してやまなかったのである。「名言」に値する。

「主役にならず脇役に徹するなかで、一番大事なことは、本流での脇役であることだ。己を知り、欲を出さず、本流にピッタリ寄り添っていけば、おのずと〝長生き〟できる。主役は、常に息が短い。そして、何よりのポイントは誰が勝ち馬なのか、そこを見分ける天性の勘と読みがあるかどうかだ」

当時の自民党内からは「なるほど、川島は常に優勝者の隣にいる。ひのき舞台に躍り出るタイミングの取り方が、なんとも絶妙」という声が上がったものである。企業などのビジネス社会においても、川島が説く「一番大事なことは、本流のなかでの脇役であること」は、まさにトップの座を目指さずとも、心して損のない「名言」と言っていいだろう。

ちなみに、中国古典の兵法書『六韜《りくとう》』『三略』には、共にリーダー（主役）にとっての組織管理の要諦《ようてい》たる教えを、「腹心一人、謀士五人を擁せよ」としている。「腹心」とはもとより単なる側目ではなく、計略の立てられる能力とともに、事態の急変があったとき、これをただちに解決できる人物を指す。また、「謀士」とは知謀に優れて思慮深く、予見能力のある人物のことで、こうした人材で脇を固めておけば、まず組織はどんな状態でも、安定的に管理されるとしている。

長く権力抗争に「常勝」を貫いた田中角栄の配下には、腹心に据えた後藤田のほかにも、二階堂進、竹下登、金丸信、江崎真澄など、田中の「考え方」を代弁し、局面を打開、転換させる深謀遠慮《しんぼうえんりょ》の猛者が多々そろっていた。それゆえ田中の権力の座は、長く続いたともいえる。

また、先の川島は同じ党人派として田中とも気脈を通じ、田中もまた川島を存分に利用する形で党内基盤を拡充していった。結果、のちに「ポスト佐藤（栄作）」でライバルの福田赳夫を破り、天下取りに成功するのである。

田中派ならずの〝外様〟川島は、いまの企業に例えるなら社外取締役的存在で、まさに〝田中代表〟を支える「謀士」に該当する。

豊臣秀吉の天下統一を支えたのは、黒田官兵衛、竹中半兵衛の名参謀2人だったことが知られているが、主役の秀吉は自らの知恵に溺れず、戦国の「謀士」を生かしきった。まさに、秀吉の発想の転換とも言えたのであった。

主役だけが人生ではないことを、改めて心したいものである。

失意を乗り越える「先手必勝」

権力の頂点に駆けのぼり「今太閤」とも呼ばれた田中角栄であったが、そこに至るまでは誰しもと同じく、思い通りにならず失意の数々も味わっている。

少年時代の田中は貧しい家庭に負担はかけられないとして、海軍兵学校を目指したが、筆記試験は抜群の成績で通ったものの身体検査でハネられている。

長じて事業で成功を収めたときも、戦時中の東京大空襲で社屋などを焼失し、苦渋の再出発を余儀なくされた。

戦後は大量のカネをぶち込んで総選挙に出馬したが、あえなく落選の憂き目に遭っている。さすがの田中も一時は大いにうなだれたものだった。次の総選挙で再びチャレンジした田中は、今度はめでたく当選を果たし、1年生代議士にして法務政務次官ポストに就く僥倖《ぎょうこう》を得た。

しかし、最終的には二審で無罪となったものの、昭和23（1948）年に表面化した炭鉱国管疑獄事件に関与したかどで逮捕、収監、起訴されるという〝どん底〟に落ちている。その後も金脈・女性問題で政権の座を追われ、ロッキード事件では首相経験者として初の逮捕、収監、起訴に加えて、長い裁判生活という屈辱も味わった。

田中はロッキード事件の裁判さなかで病魔に倒れ、政治生命を失ったが、それまでの苦心については持ち前の楽天主義で乗り切り、揚々と〝次の一歩〟を踏み出したものだった。失意を抱えてただ落ち込むのではなく、その経験を田中は人生の糧《かて》にしていた。特筆すべきは、人心とは何かを学んだことで、次のチャレンジへの意欲を失わなかったことである。

こうした「角栄流」の生き方と、同一線上の人物が3人いる。群雄割拠の戦国時代を経て「天下統一」を成し遂げた徳川家康、田中から常にうとまれながら最終的に首相の座を手にした竹下登、プロ野球界で「名将」とうたわれた野村克也である。

家康は「関ヶ原の戦い」で天下を手にするまでは、じつは何をやってもうまくいかない人物だった。戦《いくさ》は、連戦連敗である。しかし、そうしたなかで勝てない原因は何か、敵の戦法はどこが優れていたのか、それらを自分の戦術以上に考察し、結局、天下を取るすべにつなげた。次の行動へのヒントとして、失敗を確実に生かしたということである。

また、竹下は田中から無下にされながらも、政争での田中の常勝ぶりをつぶさに分析していた。竹下と気脈を通じていた当時の政治部記者が、竹下の天下取りの背景をこう語っていたことがある。

「田中も竹下も、同じ佐藤（栄作）派内で常に相手を観察できる立場にあった。昭和47（1972）年5月、田中は佐藤首相が『沖縄返還』を果たした後、退陣するものとして勝負をかけた。佐藤派内の田中支持グループを一気呵成につくり上げ、事実上の田中派としてしまった。ここで竹下は、勝負とは先手必勝であることを学んでいる。田中が病に倒れた後、まさに一気呵成で田中派をまとめ上げ、竹下派を旗揚げして、ついに首相の座までのぼり詰めた」

田中に疎まれ、失意と〝なにくそ精神〟が胸中で交錯していた竹下だったが、じつは「角栄流」を踏襲《とうしゅう》することで悲願を果たしたことになる。

「勝因」より「敗因」分析が大事

一方、田中角栄が尋常高等小学校卒の〝雑草魂〟だったように、ヤクルトスワローズ、東北楽天イーグルスなど4球団で監督を務めた野村克也も、家庭を助けるため、あえて高校卒で南海ホークスにテスト生で入団している。やがて大打者となり、監督としては「名将」の名をほしいままにした野村も、まさに〝雑草魂〟をバネにした生き方だった。そのためか、両者の発想はよく似ているのである。

野村は「名言」を多く残している。

例えば、「物事に不満を持っているということは、理想があるということだ」との言葉からは、不満を抱える選手を必ずしも絶望視していなかったことが分かる。

また、次のような至言もよく知られている。

「勝ちに不思議の勝ちあり、負けに不思議の負けなし」

負ける試合と諦めていたのに、相手投手が勝手に自滅したり、野手が凡フライを落としてタイムリーエラーで点が入ったり、あれよあれよという間に逆転する試合もある。これが〝不思議の勝ち〟である。一方で、負けには必ず理由があり、不運だけの負けはない。だから、負けたときは敗因をしっかりと分析し、その繰り返しが常勝チームをつくるとしているのである。

田中も選挙で落選した若手議員に、たびたび口にしていたものだった。

「フロックで選挙などは勝てない。落選には必ず理由がある。敗因をよく分析してみろ。それを踏まえて、頭を使い知恵を絞ることだ。それがなければ、間違いなく次も落ちるッ」

人生は、まさに「他山の石」である。人の振り見てわが身を正し、学ぶ。これしか成長への道はないと知るべきだろう。失意の中にあっても冷静に分析してみれば、どこか光が見えてくるものだ。

田中角栄はもとより、徳川家康も竹下登も野村克也もまた、常に「他山の石」という視線を忘れていなかったのである。

「上に行くほど働いているか」を問う

田中角栄が好んで発した言葉に、「座して食らえば山も空し」というものがあった。例えば、企業のなかでトップの地位に就こうとも、安閑として手を抜いているとあっという間に自分の信用はガタ落ちとなり、伴って部下の士気も上がらずで企業業績の低下を招くことを指している。

そのためか、全盛期の田中派は親分の田中が全力投球することで政争に負けたこと一度としてなし、派閥の会合でも他派のそれに比べて断然の出席率を誇っていたのである。そうしたなかで、抜きん出た人材も育っていった。

田中は若手議員への演説会でも、次のように口にしていた。

「どんな組織でも、上に行くほど汗をかかねばならない。政治家も同じだ。ようやく（議員）バッジをつけました程度で、安穏としていてどうするのか。すぐに結果を出せ。結果が出なくて、なんで政治家だ。政治家は何期やっても、手を抜くことが許されない。ポストに厚みがついたら、さらに働けということだ」

全盛期の田中は、意気盛んなビジネスマンと気脈を通じていた。「世界のソニー」を育て上げた盛田昭夫は、「角栄流」の〝上に行くほど働け〟の信奉者だった。米国通だった盛田は社長当時、こんな言葉を残している。

「世界一の経済力を誇る米国の経営者と、わが国のそれはまったく違う。日本人は地位が高くなるほど働かず、楽になるのが当たり前との考えがある。そのため社長は会社の成績が悪くなっても、いつまでもイスにすわっていられる。親会社のストックを販売公社に押し付けたり、赤字を隠したりすることは朝飯前だから、成績不振になっても平気な顔をしていられるのだ。その結果、どうにも収拾がつかなくなって、ある日、突然、倒産などという馬鹿げたことが起きてくる。

対して米国は違う。平社員は時間になればさっさと帰り、社長以下、重役クラスは毎日、遅くまで残って仕事をする。彼らは一所懸命に仕事をしているから、自分の給料は現在これだけだが、もっと給料を上げろと堂々と会社に要求する。会社が自分を評価しないなら、他の会社へ移ることは当然だとの考え方を持っている。

日米の経営者、重役は互いに食うか食われるかの競争をしている。高給を取る米国の重役には、当然のように同じ高給を取る日本のそれより、はるかに厳しいテンションン（緊張）がかかっている。「これが世界一の経済力を誇る米国の裏面でもある」

こうした盛田の言葉は、いまの時代にすべてが通用するものではなさそうだが、組織を維持するために何が肝要かという点では、時代を経ても不変を示している。

社長や重役が〝火の玉〟となって働けば、どんな苦境下にあっても、その姿を見て部下はついてくる。

感謝すべき「ゼロからの出発」

「ねたむ」という言葉がある。嫉妬というニュアンスに近い。

アイツは親が財産を残してくれて悠々自適の人生だが、俺を見てくれ。中高生の頃は、アイツより俺のほうが成績も良かったが、いまの俺は安月給のうえ、会社でも先が見えている。カミサンはため息の連続だ。世の中あまりに不平等じゃないかという心持ちである。

政界も同じで、親の七光、あるいは十四光などという二世、三世の世襲議員があふれ、地盤（先代などが固めた選挙区）、看板（知名度）、カバン（資金力）の〝3バン〟に恵まれていることで、アホでも努力なしで当選してしまう。一方、勉強家で人物もなかなか立派なのに、選挙区では〝3バン〟がないゆえ、常にあと一歩のところでボンボン議員の後塵《こうじん》を拝することもある。

こうしたケースで何度も落選を繰り返していると、並の人間ならねたみ、嫉妬、あるいは世の無情にさいなまれて当然だが、田中角栄に言わせると「そんなことでどうする」となる。尋常高等小学校卒の田中は、15歳で単身上京、徒手空拳、トゲのある人間社会で汗水たらして働き、やがては事業家として成功、政界入りでついには首相として頂点に立った人物だけに、そうした口ぶりには迫力と説得力がある。

田中派のあるボンボンの若手議員は、往時の田中から次のようにたしなめられたと言っていた。

「おまえみたいな恵まれた二世議員には分からんだろうが、この世のなかで圧倒的多くの人は〝ゼロからの出発〟を余儀なくされている。孤立無援、誰も助けてはくれない。しかし、叩かれ、騙され、突き落とされて這い上がるなかで、だんだんと地に足がついてくるんだ。人との距離と間の取り方、情とは何か、人への気配りもまた自然と身についてくる。このあたりがダメなのが、おまえのようなボンボンということだ。いくら上手を言っても、選挙民は馬鹿ではない。人物を見抜かれてしまう。

〝ゼロからの出発〟は失うものが何もないから、ひたすら前進あるのみでいいんだ。若さは常に直情径行、失敗してぶっ叩かれ、初めて気づく。むしろ、感謝すべきじゃないかね。人はしょせん一人で生まれて、一人で死んでいく。おまえもそのあたりを心して、いまの恵まれた立場を見詰め直してみろ」

失うものがないという「ゼロからの出発」を、むしろ生かした政治家が2人いる。自民党幹事長、内閣官房長官などを歴任した野中広務と、北海道・沖縄開発庁長官などを務めた参院議員の鈴木宗男である。

野中は京都府の園部中学卒から這い上がってきた人物だ。国鉄大阪鉄道管理局の職員を振り出しに、園部町議、園部町長、京都府議、京都府副知事を経て、田中にその腕力を認められて衆院議員に転じ、以後、実力者の階段をのぼっていった。

野中は府議時代から、「俺は叩き上げでここまで来た。ゼロからの出発で怖いものは何もない。失うものもない」として、7期28年の長きにわたって府政を牛耳っていた蜷川虎三知事と孤軍対決、誰もが対峙に尻込みするなか、ついに共産党府政を倒してしまった。田中も体当たりで臨むそんな野中を買い、国政に引き上げたということだったのだ。

「苦労人」鈴木宗男の述懐

一方、鈴木は「北海のヒグマ」と呼ばれた中川一郎（元農水大臣）に秘書として14年間仕え、中川が死去したことを機に政界の裏方から表舞台へと進出した。その選挙期間中は、有権者の自宅に向かえば玄関先で土下座もいとわず、自ら〝働ける男〟を説いて売り込んだという情熱的なエピソードもある。当選後は金丸信、そして前出の野中の薫陶を受けながら政治家として腕を磨いていった。

その鈴木はエリートが山を成す政界で、もとより世襲にあらず、農家出身で拓殖大学政経学部は出ているものの、とくにきらびやかな経歴もあるわけではなかった。典型的な叩き上げの、まさに「ゼロからの出発」であった。口ぐせは「人間は汗を流して働くことが大切」で、失うものがないことから前進、前進がモットーだった。

しかし、好事魔多し。のちに斡旋《あっせん》収賄罪などに問われて逮捕、実刑判決を受けるなど〝人生の曲折〟も味わっている。

鈴木と親しい政治部記者が言っていた。

「当時は〝コマネズミ〟の異名があったくらいで、中川、金丸、野中ら主君たちのために東奔西走し、陳情処理、情報収集など、いつ寝ているのかと思わせるくらい働いていた。中には『1日に1000人近くと会った』という伝説もあったほどで、陳情処理なども、できるものは即受ける、無理なものはダメと、その判断の速さで一目置かれていた」

その鈴木は「ゼロからの出発」を振り返るように、次のような一文を残している。

「人生は思い通りにはいかない。挫折や失望は誰しも味わうし、どこにでもある。そこで諦めてはいけない。生きていればいいこともあるし、逆転もあるものだ」（『政治の修羅場』文藝春秋）

「生物はすべて劣性遺伝」と知る

「ゼロからの出発」組の〝旗手〟でもあった田中角栄には、次のような人生を振り返っての感慨がある。長きものに巻かれるのではなく、そこからの脱出を目指す発想の転換ということでもある。

「人間を含めて、生物はすべて劣性遺伝だと知れ。働き、勉強しなきゃ親より馬鹿になる。だから生物は、学習、勉強しなきゃならないようにできているんだ」

例えば、親鳥が自ら幼鳥にエサの捕らえ方を教える。幼鳥はそれをまね、何度も何度もチャレンジして、やっとエサを捕えるコツをつかむ。怖がって巣から飛び立てなければ、自らエサを捕るすべが分からず、自然界で生きていくことはできない。前進する以外、誰も助けてくれない。

田中いわく、人間を含めた生物の生きるすべは、結局のところ自分だけとして、次のように言っている。

「かつてワシが東洋大学の講座を聴講したとき、加藤咄堂《とつどう》という有名な先生がおられ、『青年は、いまに見よと言う。果たして、それは必ずいまに見切るか。ままならぬ浮き世かな、一滴の涙に過去を追懐するやとなってはならない。そのためには、勉強することだ。そして、人生に自信を持つことだ』と、こう言われた。（その言葉は）髪に

小千谷大橋（新潟県）の竣工記念式に出席し、
扇子片手に上機嫌で渡り初め（昭和58年7月27日）

霜を置いたいま、なおワシの胸底を去らないでいる」

「劣性遺伝」の人間は、しょせん一人で生きなければならない。一人で生まれ、一人で死んでいく。人をねたまず、「ゼロからの出発」と腹を決め、ひたすら前を向いて歩んでいきたいものである。

第4章
究極の「人心掌握術」

「明るい性格」にこそ人は集まる

米国で組織のリーダーになれる条件がいくつかある。日本とは、いささか事情が違うのである。

第一は、何でもバリバリ食べるエネルギッシュさである。くよくよして食欲がないなどというタイプは失格なのだ。第二は、写真映りがいいことである。組織の看板としてのスター性が求められるとは、いかにも米国らしい発想ではある。そして、第三はウイット、ユーモアを交えたスピーチ力に優れていることである。

そのうえで、これらを攪拌《かくはん》してみると、本人の醸《かも》し出す明るさが何よりの条件であることが分かる。

例えば、歴代の米国大統領を振り返ってみても、苦虫を潰したような暗い雰囲気の人物はいなかった。また、こうしたことは日本の歴代首相も同様で、三木武夫のようにどこか明るさを感じさせないタイプは、内閣支持率が大きくハネ上がることはなかった。日米問わず、持ち前の明るさは人心掌握の最大の武器と言えるようなのだ。

一方、田中角栄は「今太閤」と国民の爆発的歓呼を受けて首相の座に就き、スキャンダルに見舞われながらも強大派閥を形成し、誰からも「角さん」と慕われて長く権力を維持している。これを可能にした最大の背景は、田中が持っていた卓抜な人心掌握力になるが、もとより持ち前の明るさ、陽性の性格が人を集めたと言って差し支えないであろう。

ロッキード事件で逮捕、東京拘置所に28日間収監のあと保釈され、東京・目白の田中邸に戻ったときの光景に、そのあたりが表れている。

保釈の日、田中邸には当時の「田中軍団」約130人が、親分の〝出所〟を待ちわびていた。その皆を前にした第一声が、田中の持ち前の明るさを示している。このときの模様を取材していた田中派担当記者が言っていた。

「田中の顔色は良く、落ち込んだ様子はおくびにも出さず、あいさつで『ワシは元気だ。心配はいらん。（ロッキード選挙がささやかれていたことから）いいか、皆、選挙は上がってこいッ。選挙資金はいくらでも出す。心配はいらんぞ』と語りかけると、感激屋の橋本龍太郎などは、涙をボロボロ流していたものです。

後日、早坂（茂三）秘書に聞いたところ、田中は『独房に冷房が入っておらず、暑くてホントに参った。しょうがないので、うちわでアソコをあおいでおった。酒が飲めないのも、なんともつらかった』と愚痴っていたそうです。保釈の日は皆が帰ったあと夜遅く、田中と早坂の2人で、あっという間にウイスキーの『オールドパー』のボトルを空けてしまった。

のちに早坂は、『オヤジ（田中）はどんなに苦しいときでも〝空が落ちてくることはない〟〝山より大きな猪は出ない〟を口癖に、落ち込みをすぐハネ返すのが常だった。ために、まわりは笑い声や大声が絶えず、オヤジの持ち前の明るさ、誠実さ、全力投球の姿勢が最大の人心掌握の源だった。あの天下分け目の戦い〝角福総裁選〟が、いい例だ』とも言っていました」

「角福総裁選」が残した教訓

昭和47（1972）年7月の「角福総裁選」は、田中角栄がライバルの福田赳夫を破って勝利した。時に喧伝されたのが、「田中は湯水のようにカネをバラまいた。これまで世話をした議員たちに圧力をかけ、福田支持から引きはがして自分への一票とした」といった類いだったが、当時、取材に当たっていた筆者から見ると、内実はだいぶ違ったものであった。

総裁選のあと、田中派のあるベテラン議員はこう言っていた。

「田中のイメージ〝角さん＝金権〟から、つくられた話があまりに多かった。当時は『角福の両陣営合わせ100億円は使った』などともいわれたが、田中が使ったのは20億円程度だった。田中が所属していた佐藤派が幹事長を握っていたこともあって、その決裁で自由になる党の国会対策費に自らの資金を合わせたものだ。だいたい、あのときの田中は現職の通産大臣でもあっただけに、危ないカネなど使える立場ではなかった。

また、強引に田中支持の取り付けに動いたなどといわれているが、これはまったく逆だった。すでに、総裁選直前には勝利の読みができていたことも手伝ってか、田中にも世話になっていた福田派議員が、『今回は福田に投票させてもらうことになります』と〝了承〟を求めにきたとき、『分かっている。ワシとの友情は別にして、キミは福田君に投票しなさい』と言って帰したこともあるくらいだった。

突き詰めていけば、田中の〝人間力〟にプラスしてジメジメしていない陽気な性格が、票を集めたということになる。リーダーたる者に不可欠なのは、とにかく明るさだ。福田も穏やかな性格だが、田中ほど吹っ切れた明るさには乏しかった。この差が票を分けたと言って、決して過言ではなかった」

人間は、唯一「笑う動物」とされている。陽気、明るさが好きなのだ。漫才、落語など、大衆はいつの世にも笑い、すなわち明るさを求めている。

田中は「笑いのなかには真実がある」という名言も残している。何事も深刻にならず明るくやれ、そのほうが〝成功〟の確率が高くなるという意味である。眉間にシワを寄せての議論からは、ろくな結論など出やしない。余裕を持った話し合いのなかからこそ、名案もまた生まれるというものである。

「俺は性格的にどうも笑えないのだ」という御仁は、その自分を笑ってみる手もありそうだ。「人間とは、どこか愚かでかわいいものだ」と、自然に苦笑いが出てくるかもしれない。そうなれば、いささかの余裕も生まれてくる。人の心を捉えていく手法は、まず明るい雰囲気のなかでこそ育まれていくことを知りたい。

「数字」の説得力は抜群である

田中角栄が自派の若手議員などを叱り、時に知恵を与える言葉は、常に迫力に満ちており、説得力十分であった。そんなときには誰もが恐れ入るのだが、しばらくたつと田中の言葉がいかに正しかったかが、分かるというものだった。田中が持つ説得力の根幹を成すものは、「数字」「歴史」「事実」の3点である。

「数字」については、例えば昭和56（1981）年に田中のこんな演説があった。

「終戦時の昭和20（1945）年、わが国のセメント総生産は87万3000トン、昨年は8588万2000トン、骨材は昭和20年が3800万トン、昨年が8億1700万トンであります。これも高度経済成長のおかげだが、そういうものが長く続くはずがないッ。では、どうするかだ。これが15年たった諸君、砂利協会のテーマでなければならない。砂利協会にとってだけでなく、日本にとって極めて重大な問題なのであります。

まぁ、日本は83％が山であります。台風が来れば、砂利があふれるくらい流れます。そういう意味で、日本の砂利や砂がなくなるということはない。しかし、昔のように信濃川が越後平野をつくったような流れ方は、もはやしていない。砂利、砂が出てこない。ために、治水、利水がダムを造ることになったわけだ。その代わり、山の砕石を使ったり、海砂利を洗ったり、田んぼを掘ったりという事態になった。

そのうえで戦後、ダムがどれくらいできたかというと、これが1033カ所だ。現在、建設中のものが542カ所あり、これから建設が必要となるものが560カ所くらいある。まぁねぇ、私が昭和30（1955）年に治水10カ年計画の会長をやったとき、予算を締める大蔵省は昭和60（1985）年までに150カ所のダムを造ればいいと言ったが、私は1500カ所の予算要求をしたんだ。ために、土方代議士なんて言われたッ」

「新潟県砂利協会」創立15周年式典での記念講演だったが、協会員で埋め尽くされた会場はユーモアたっぷりの「角栄節」と数字の〝連打〟に、爆笑と納得の表情が入り交り、大盛り上がりしたものだ。

これにより日本砂利協会と田中の連帯感はいやが上にも高まり、同時に協会による次の選挙での自民党支持が確約されたのである。「数字」による説得力の強さ、かくありきを示したものだった。

中国トップのリーダーシップを見習う

一方、「歴史」と「事実」も強力な説得材料となり、これについては次のような好例がある。

昭和47（1972）年9月、田中角栄は政権を取ってすぐ中国に乗り込み、日中国交正常化交渉に臨んだが、周恩来首相との間でこんなやり取りがあった。周が「中国は、一度も日本を侵略したことがありません」と言うと、田中がすかさず「元寇がありますナ」と切り返した。

博学で鳴る周は「元は中国じゃないですよ」と押し返したが、日中関係の歴史を田中が頭に叩き込んでいることを理解し、以後、互いに胸襟《きょうきん》を開き合う一因となったものだった。物事の交渉過程で「事実」を正確に捉えておくことは、多分に〝勝利〟への条件になるということである。

とくに、中国共産党の歴代リーダーたちは交渉上手で知られていた。その根底には「事実」を正確に捉えておくことがあり、例えば毛沢東は常に「調査なくして発言権なし」を力説していたし、鄧小平は「実事求是」という言葉を使って真相追求の重要性を説いていたものだ。

いまの習近平国家主席も同様で、俗説は排除し、常に「歴史」「事実」の積み重ねを重視した統治が主軸を成しているように見える。それが14億人の国民をリードする

〝説得材料〟になっているのである。

人間は理想論を飛び越え、最終的には現実を熟視する。夢物語より、自分の目で見たり、手で触れたりして、納得する動物である。説得力の決め手となる「数字」「歴史」「事実」こそが、人の心をつかむ極意と知っておきたい。

「苦楽を共にする」ことの意味

田中角栄は苦楽を共にした相手を最終的に信用した。

例えば、戦地で共に生死をかけた軍隊仲間であったり、事業の発展過程で共に汗水たらした仕事仲間であったり、その人物の掛け値なしの本質を見抜いたうえで、全幅の信頼を寄せたということだった。

同時に、そうした人物には、田中自身も自分の「素」を見せつけた。互いの「素」を確認したことで不信感はなく、双方が全力で働くことで、そのグループは最強のスクラムを組むことができる。

最盛期、一糸乱れぬ団結力を示した田中派がまさにそうであり、こちらも最盛期にはじつに会員数が10万人を超え、田中の政治活動を裏から支えた地元・新潟の後援会組織「越山会」が、それに該当したことになる。

「会津弁」で知られた〝竹下派七奉行〟の一人で、衆院副議長、通産大臣などを歴任した渡部恒三が、田中派時代のこんな話をしてくれたことがあった。

「かつての『角福総裁選』当時、田中派の団結力は凄かった。田中先生は率先垂範、全力投球で事に当たったが、派の誰もがコマネズミのように働いた。このときの先生と田中派議員の苦楽が、のちの一枚岩に結びついたと思っている。強い絆ができたということだ。先生の全力投球の背中を見ていると、われわれは手を抜けなかった。言うなら、これが角栄流の人心掌握術であった」

苦楽を共にしたことでお互いに紐帯《ちゅうたい》感が生まれ、自分を犠牲にしても田中のために汗を流し続けた男たちがいた。その例をいくつか挙げてみる。

まずは軍隊仲間である。

昭和13（1938）年春、軍隊に応召された田中角栄は、翌年春に盛岡騎兵第三旅団第二四連隊第一中隊に配属され、ソ連（現・ロシア）と満州国（現・中国東北部）の国境近くの駐屯地に送られた。時に21歳である。

凍てつく大地は、春遅くまで人馬が倒れることもしばしばで、新兵の田中は古参兵から、連日にわたり理不尽なビンタの洗礼を受けていた。

そこに、優秀な見習い士官の片岡甚松という人物が配属されてきた。他の兵隊の不祥事は、連帯責任が軍隊の鉄則である。田中はこの片岡からもビンタを受け、のちに「あれはビンタというより殴られたというものだった。なんとも痛かった」と告白している。

しかし、一方で片岡は田中を買っていた。時間を見つけては早稲田大学の建築に関する講義録を読みふけり、書類一枚書かせても命じたことは完璧にこなすことから、次第に目をかけるようになっていった。

こうした経緯を経て、田中は戦後も「戦友」として片岡との友好的関係を続けた。やがて片岡は、田中が興した新潟の「越後交通」に入社し、のちに社長となっている。同社は一方で、田中の選挙基盤の中枢でもあり、そのトップを任せたのだから両人の紐帯感、信頼感が知れたのである。

ちなみに、片岡は地元・新潟の強大な後援会組織「越山会」の会長も務め、選挙における田中の基石をつくり上げたのであった。

また、田中は他の軍隊仲間を秘書、あるいは自らの関連会社で採用することも多々あり、兼田喜夫という上官もその一人であった。

兼田は田中の引きで自民党職員として事務局に入り、のちに選挙部部長として必勝法の「十則」をつくり上げたことで、「選挙の神様」とも称された。田中も長く「選挙のプロ」として定評があったが、実のところそのノウハウは兼田から受け継いだものが多かったといわれている。

「背中」で見せる全力投球

一方、若いうちから苦楽を共にした仲間は、軍隊時代のそればかりではなく、例えば「国家老」とも呼ばれた新潟出身の本間幸一という秘書がいた。

本間自身が、筆者にこう語ったことがある。

「戦後の貧しい新潟には、田中のようなリベラルな考えで、バリバリ仕事をしてくれる政治家が必要だった。若かった私は、この人のためなら何でもやってやろうと思うようになった」

本間はやがて田中の〈新潟3区〉（当時）において、選挙の実務をすべて取り仕切ることになる。衆院解散が近づくと、本間は長岡市にある「越後交通」本社2階の専務室に閉じこもり、最盛期には市町村別など300にも細分化された「越山会」に戦闘準備を指令した。すなわち、票の上積みへ向けてのアメとムチ、叱咤激励の電話をかけまくるのである。

各地の「越山会」責任者に対して、口ぶりは穏やかに「前回（選挙）はご努力が足りなかったようですが…」となるのだが、票を出さないと公共事業などの予算が回ってこない。そのことを知っている責任者は、本間の一声に冷や汗をかきながら「田中票」の上積みに奔走した。

「越山会」責任者の一人が言っていた。

「早朝でも深夜でも、本間さんからの電話はかかってきた。選挙のニオイがしてくると、『本間さんはまったく寝てないのではないか』と噂が立つほどだった。田中先生は新潟のために全力投球していましたが、その姿に惚れた本間さんも先生の政治生活を支えるために命をかけていました」

苦楽を共にした仲間の紐帯感は、特別なものがある。ビジネス社会などの組織もまた同じで、苦境に陥った組織の立て直しに、死力を尽くした上司と部下の絆は強い。その前提は、上司の背中が見せる全力投球の姿にある。

女性にモテる「七つの要件」

田中角栄が「日の出の幹事長」といわれた頃、花街の座敷でのエピソードである。田中の秘書にして「金庫番」でもあった佐藤昭子は、「田中は幹事長時代が最も魅力的だった」と述懐しているが、当時の田中番記者がこんな証言を残している。

「田中が財界人と一杯やった席だった。ある人物が酒の勢いも手伝ってか、田中に向かって『幹事長、自民党はカネ、カネ、カネの政治をやっているじゃないですか』と絡んだ。これを耳にした田中は、話が切れるや顔を真っ赤にして『あんた、何を考えているッ。そんなことで、政治がやれると思っているのか。馬鹿なことを言うなッ』と一喝し、バーンとテーブルを叩くや席を蹴ってしまったのです。はべっていた芸者も仰天していたが、あとで『田中さんの色気を見たわ』と言っていた」

戦後の歴代首相の中で、女性にモテた双璧は田中角栄と岸信介といわれている。田中については、政界入りする前の事業家時代も含めて、シロウト、クロウトを問わず、なんともにぎやかであった。その〝特徴〟は、決して無理強いして口説くのではなく、むしろ女性のほうから接近してくることが多かったことにある。

一方の岸については、岸の実弟でやはり首相になった佐藤栄作の妻・寛子が、筆者に〝告白〟してくれたことがある。岸、佐藤兄弟と寛子は親戚筋にあたり、少年、少女の頃から交流があったのだ。

「兄の信介さんは当時から素敵でしたよ。秀才で聞こえた一方、色白で人との接し方もスマートだから、女学生たちの憧れの的だったんです。対して、栄作は色も真っ黒で、とてもスマートとは言い難かった。しかし、私は栄作の嫁になった。縁だったんでしょうね」

古い政治記者の証言では、かつての政財界の大物たちがそうであったように、岸にも愛人がおり、花街の座敷でも芸者衆には大いにモテたそうである。そのうえで、こう語った記者もいた。

「岸は東條英機内閣で国務大臣兼軍需次官をやっていたこともあり、戦後はA級戦犯として東京・巣鴨拘置所に収監された。巣鴨では都合3年3カ月余りを過ごしたが、ここで同じく〝巣鴨入り〟していた笹川良一（のちの日本船舶振興会会長）と、休憩時間などに話す機会があった。時に岸は50歳、笹川に向かって『どうも夢精してかなわんのだ』と、こぼしたそうなんです。これには豪胆さで知られた笹川も、さすがにあきれたということだった」

性欲もただ者ならず、明日をも知れぬムショのなかでこれだから、岸がいかに腹の据わった人物だったかが分かる。なるほど、戦後の首相在任時、国論を二分した「60年安保」を推進させた度胸も、また知れるということである。

長く田中の秘書を務めた早坂茂三は、田中が女性にモテたわけを次のように話してくれたことがある。

「私がそばで見ていた限りでも、なるほどと思ったことが七つばかりあった。さっぱりしていて、しつこく口説いたりはしない。ささいなことでも嘘をつかない。稚気があって明るい。これは男女を問わずだが、周囲への気配りも抜群だ。さらに、正義感が漂っている。清潔感がある。そして、カネ離れがいい。どこでもケチに説得力なしだ。とくに、女性はケチを嫌う。そのうえで女性は男性以上に、本質的に権力者が好きだ。弱いね。これだけの要件を満たしているオヤジ（田中）が、モテないわけがないということだな」

「反乱女性」はゼロだった角栄

早坂は自著『オヤジの知恵』（集英社）でも、田中角栄の猛烈なモテっぷりについて記している。

「昭和60（1985）年2月、脳梗塞で倒れたオヤジが東京・飯田橋の逓信病院に入院した頃、わりない仲だった女性たちが、知人を介して何回も差し入れしてくれた。その数は5人や10人ではなかった。寒中のお百度参りや、水ごりをした神社や寺の御札、正体不明の煎《せん》じ薬に丸薬、好物のアンパン、大福餅、富有柿などが、『先生、早く良くなって…』といった思いの丈をつづった手紙と一緒に、わんさか届いた。

オヤジは名うての女好き、艶福家だったが、3本指で失脚した某宰相と違って、反乱の旗を立てた女性はいなかったものだ」

世は女性の台頭が著しい。例えば、ビジネス社会において実力派の男性上司がいても、女性の部下の支持なしでは、その地位は安泰ならずとなってきている。

田中も、かつて言っていたことがある。

「選挙でもそうだが、女性の有権者は〝この人〟と一度支持を決めたら裏切らない。その点、男はダメだ。まず、カネと女でコロッと寝返ってしまう者がいる。だからワシは、女性の有権者を大事にする。だいたい有権者の半分は女性なんだ。女性の支持のない者が、選挙に勝てるわけがないということだな」

万里の長城の城壁上で記者団に囲まれる(昭和47年9月)

女性の支持を得るための努力も、今日、不可避のようである。それを自覚しないと、部下の女性軍から総スカンを食うことを胸に刻んでおきたい。

「本四架橋」で見せた説得力

商談に勝利するために不可欠な要素は、もとより相手に対してどれだけ説得力を発揮できるかにある。不退転の決意なく、一発で決まらぬ場合は事実上の〝負け〟で、こちらの言い分をかなり譲歩しなければ、商談成立とはならないのが常となる。

そうした商談には、どう相手に攻められても切り返せる説得材料が必要である。説得材料の〝連打〟で、最後には相手を「やむを得ない」と納得させ、こちらの言い分を通してしまうことが肝要だ。まさに、相手を引き込む人心掌握術で、これをどこまで発揮できるかということになる。

田中角栄に関しては、次のような好例がある。

一つは、本州と四国を結ぶ「本州四国連絡橋（本四架橋）」の建設について、難題が相次いだときのことであった。

現在、本州と四国を結ぶ道路は、明石海峡大橋と大鳴門橋を含む「神戸・鳴門ルート」、瀬戸大橋の「児島・坂出ルート」、瀬戸内しまなみ海道と呼ばれる「尾道・今治ルート」という3ルートでつながっている。

しかし、この完成までは与野党ひっくるめて異論、反論が続出し、道路問題だけになんとも曲折の多い国会論議が繰り広げられた。意見の多くは「3本の道路は税金の無駄遣い。瀬戸内海に1本通せば十分ではないか」というものだった。

そんななか、道路行政に絶対の自信を持っていた田中は、架橋問題にタッチしている関係議員を集めて、こう一席ブッたという。

「キミたち、だいたい東海道には日本橋から京都まで、何本の橋が架かっているのか知っているのか。本州と四国を結ぶ道路は、その先、全国につながることになるのが、分かっているのか。どれだけ経済の発展に寄与するのかを考えてもみたまえ。なぜ、これが税金の無駄になるのか」

結局、田中の言に反対派の議員も折れ、最終的に道路が〝全国につながる〟ことで、了承せざるを得なかった。物事を目先の損得だけで考える反対派議員と、経済発展にむしろ寄与するという俯瞰的視点を持ち、これを説得材料とした田中では、最初から勝負あったということだった。首相退陣後、まだ間もない頃の話である。

「親分」の佐藤首相を圧倒

もう一つ、こちらは田中角栄が首相になる前の昭和44（1969）年春、3期目を迎えた自民党幹事長時代の話である。

時の首相は佐藤栄作で田中は佐藤派の幹部、いわば佐藤とは「親分・子分」の関係であった。しかし、田中は不退転の決意で「親分」の意向を押しのけ、持論を通してしまったのである。

当時、田中は自らの政策として、日本列島の「新幹線9000キロ構想」を掲げていた。そうしたなかで田中は、まず運輸省を説得して15年間の予算11兆3000億円をつくり、「新幹線鉄道整備計画要綱」を発表した。田中はこれを持って官邸に乗り込み、構想自体に断固反対の佐藤「親分」に〝了解〟を迫ったのだった。

当時の佐藤と田中のやり取りは、火の出るような真剣勝負の緊迫感が漂っていたとされている。

これを取材した官邸詰め記者によれば、佐藤が「キミは新幹線にタヌキを乗せるつもりか。赤字は必至だ。どうするのか」と問い詰めると、田中が「この運輸省案は各省とも了承しています」と切り返した。すると佐藤は烈火のごとく怒り、「何を言っとるか。政府は俺だッ」と、まったく聞く耳を持たなかったという。

佐藤は鉄道省（運輸省の前身）から政界入りした人物で、何事にも慎重さは人一倍の定評もあった。佐藤は運輸省の弱腰を嘆き、赤字路線への憂慮を強めていたが、もう一つ、田中がこうした政策推進を実現し、自分の足元をおびやかしかねないことを警戒して、反対の意思表示をした側面もかなりあったとされている。

じつは、佐藤の影響力が強い運輸省では、その腹の内を忖度して「新幹線9000キロ構想」の予算計上は無理とみていた。そのため、密かに「3500キロ」に変更した原案をつくっていたが、これを知った田中は「ダメだ、こんなもんでは。あくまで9000キロだッ」と迫力満点、全国的な格差是正の必要性を問いて、ついには運輸官僚を屈服させてしまった。

同時に、田中はすでに自民党内への根回し、各省への説得も済ませていたことから、佐藤としては万事休す、田中の構想を呑むほかなかったのである。

その後、田中による「9000キロ構想」をもとに、今日の〝新幹線列島構想〟が息づいていることは、読者諸賢の知る通りである。

田中派の中堅議員だった一人も、こんな証言を残している。

「田中先生のすさまじい眼光で迫られると、まずここで〝勝ち目なし〟を悟ってしまう。そのうえで説得材料を山ほど持ち、不退転の決意で臨んでくるのだから、誰もがお手上げということでもあったようです」

時の首相であった佐藤をしても、やんぬるかなとなったゆえんだ。人心を掌握してしまえば、たとえどんな話の展開になっても何らかの手は打てるということである。

荒船清十郎の仰天秘話

昭和20年代から50年代の初めにかけて、荒船清十郎という埼玉県選出の代議士がいた。べらんめえ口調の「荒船節」で知られ、洒脱にしてなんとも憎めぬ言動で周囲を煙に巻く。地元ではなかなか人気の高かった代議士で、運輸大臣や衆院副議長などを歴任した。

しかし、運輸相に就任した直後、当時の国鉄に要請し、地元の深谷駅を急行停車駅に指定させたことで、世間から「職権濫用」との批判を受けた。さらに、参院運輸委員会で「(大臣になったのだから)一つぐらいいいいじゃやねぇか」と答弁して、結局は大臣のイスを棒に振っている。

その荒船と田中角栄は、じつは若い頃に出会っている。当時、田中は事業家への道を走り始めたばかりで、材木の買い付けに便宜を図ってもらうため、ある人物に依頼して新進代議士の荒船を紹介されたのだった。

荒舩は田中と初めて会ったときの印象について、筆者にべらんめぇ口調でこう語ってくれたことがある。

「まだ20歳をちょっと出たくれぇの青年で、『材木の買い付けにきました。ぜひ先生のご助力をお願いしたい』と言ってきた。で、知り合いの材木屋を紹介するため一緒に行ってやったが、えらく算術の速いことには驚いた。山のように材木を買い付けても、金額をパッと暗算で出してしまったナ。そばで材木屋が懸命にソロバンを入れていたが、とてもかなわなかった。

そのあと、なかなか気っぷの良さそうな青年だったので、牛鍋屋へ連れていってやった。酒が入ると、なんとオラに天下国家をブチ始めたもんだ。相当、力が入っておって、このオラを黙らせてさんざんブチまくったあと、今度は突然、膝を正して言うんだ。『先生には、大変ごちそうになっちゃった。お礼に、浪花節をやらせていただきますッ』ってな。たしか、あのときは『佐渡情話』のさわりだったが、まぁ、とにかく普通の青年とは違っておった。

頭の回転の速さ、その場の雰囲気で人が何をされたら喜ぶか、一瞬のうちに読み取り、それを的確に実行するサービス精神、それまでこんな青年に会ったことはなかった。将来、もし政治でもやれば総理大臣、カネ儲けをやらせても三井、三菱くれぇの大物に間違いなくなるだろうと、そうにらんだものだ」

その後、田中は政治の道に入り、荒舩の予言通り首相の座に就いた。しかし、ロッキード事件への関与が浮上して逮捕・収監され、長い裁判生活を余儀なくされたのは、すでに読者諸賢ご案内のところである。

荒舩と田中は政治の世界で、奇遇というべき接点を改めて持った。田中がロッキード事件で国会証人喚問を要請された折、衆院予算委員長が荒舩だったのだ。荒舩は野党の証人喚問要求をのらりくらりと拒否、田中の汚名を封じ込める〝名委員長〟ぶりを演じている。

30年ほど前、代議士である自分を20歳ちょっと出たくらいの青年がとりこにしてしまった。初対面した日を思い返したのか、荒舩はすでに田中のシンパになっていたのである。

福田赳夫への気遣い

田中角栄のこうした人心掌握の妙は、熾烈を極めた「角福総裁選」で敗れた福田赳夫にも発揮されている。

旧大蔵省出身で、大蔵大臣、財務大臣を務めた藤井裕久が、こんな話を披露している。藤井は蔵相時代の福田に主計官として仕え、田中が総理大臣になったときには二階堂進官房長官の秘書官を務めていた。奇しくも両人と接点があった人物である。

「田中さんが総理に就任したとき、『福田さんが来るから場所をつくれ』との指示があったんです。田中さんとしては、総裁選の対立を引きずらないために、ちゃんと福田さんをお招きしたいということで、私に命じたと思われます。田中さんは『仲良くしとかにゃいかん』と言ってましたからね。

で、私が『丸テーブルにしましょうか』と提案すると、田中さんは『それがいい』とおっしゃられた。角のあるテーブルでは、どうしても対立感が出てしまう。いらした福田さんは、まず『おめでとう』と言って、田中さんと握手をされたのです」（『週刊ポスト』令和3年4月16・23日合併号）

総裁選を争った相手との対談で、角のあるテーブルから丸テーブルへ変更する。そういった田中の徹底した気遣いにより、以後は福田との決定的な対立を回避することができた。のちに経済政策が行き詰まったとき、首相の田中は蔵相に福田を指名、福田もこれを快諾して田中政権の下支えに尽力したのである。

田中が自民党幹事長を務めていた当時にも、こんな証言をしてくれた政治部記者がいた。

「ある20人くらいの中小企業の団体が、ぜひとも田中の話を聞きたいと料亭に招いた。誰もが田中の前に出てお酌の一つもしたかったが、その場はまったく逆になったという。なんと、田中は座敷に入るなり、自分で徳利を持って車座の一人一人と言葉をかわしてしまった。

団体幹部の一人は『普通なら、田中さんは床の間を背にサービスされる立場なのに、全員と言葉をかわしながら自らお酌して回った。通常はあり得ないことです』と感激し、参加者のほとんどが改めて田中のファンになったという」

周囲への気遣い、心配りがどれだけ苦境、行き詰まりを打開するか、あるいは信頼を得るかの好例である。

「上司の心得」三要諦

歴代首相の中でも、飛び切りの「官僚使いの達人」と評されたのが田中角栄であった。その田中は「官僚に納得して仕事をしてもらうには、政治家側に三つの要素が求められる」として、次のような言葉を残している。

「まず、こちら（政治家）に相手（官僚）を説得する能力があるか。次いで、仕事の話にこちらの私心、野心といったものがないか。そして、相手が納得するまで最終的な議論をやる勇気、努力があるか、となる」

日本の政治体制は明治時代の太政官制度以来、官僚組織に支えられている。官僚が首をタテに振らない限り、政治家が目指す政策は1ミリたりとも進まない。そのくらい、わが国の官僚たちは優秀ということでもある。田中は、そんな能力の高い官僚たちを「コンピューター」として評価していた。

なるほど、官僚の多くは東大法学部卒で、法律の成り立ちや歴史的背景が頭にきっちり入っており、現行法の枠内で考えさせれば、どうとでも解釈してくれるほどの能力がある。

しかし、その一方で時代の変化に対応する法運用などには、融通が利かないのが特徴だ。加えて、プライドが人一倍高く、責任を取らされることを嫌う。こうした〝癖のある人種〟でもあるだけに、政治家側も対峙の仕方がなかなか難しい。

田中は冒頭のように三つの要素を駆使して、官僚を見事に使いこなした。世上では「官僚をカネとポストで蹂躙《じゅうりん》した」などの声もあったが、それはあくまで一側面で、田中という政治家の本質をまったく分かっていない見方と言っていいだろう。

なぜなら、官僚はプライドが高いだけに、能力が乏しいと見抜いた政治家には表向き呼吸を合わせているものの、それ以上、積極的に尽くすことはないからである。

一方で、能力があると見抜いた政治家には、寝食を忘れて「公僕」として政策づくりに汗を流すという特性がある。カネやポストなどで左右されるタチの悪い官僚などは、ほんのひと握りで、多くは冷静かつ秘めた情熱家が多いということでもある。

さて、こうした田中の官僚使い三要諦は、ビジネス社会にもそっくりそのまま適用できる。政治家を上司、官僚を部下に置き換えると、一般組織でも「上司の心得」三要諦として使えるのである。

心せよ「下問を恥じず」

もっとも、ともすれば部下の反発が予想される「上司の心得」三要諦も、上司は上司としての自負があって当然だ。すなわち、「部下の言っていることは、俺も若い頃に通ってきた道だ。まぁ、ある程度、聞く耳を持っていれば十分だろう。経験を積んだ俺が、いまさら若い者と徹底議論しなきゃいけないのか」との思いである。

しかし、田中角栄はそうした考え方を否定し、こう言っていた。

「そういう姿勢がダメなんだ。信頼感とはあくまで上に立つ者が、全力投球で真っ正面から対峙する勇気があるかどうかで成立する」

こうした「角栄流」に対し、かの『論語』で孔子（中国春秋時代の思想家）も「下問を恥じず」と教えている。自分より下の者に物事を聞き、教えられることを恥じるな、逃げるなとしているのである。

田中派の重鎮の一人であり、運輸大臣、通産大臣などを歴任した田村元は、こんな述懐をしていた。

「角さんの凄いところは、あれだけ権力を持っていても、悪いところは悪いと受け止め、素直になれるところだった。官僚との関係も、同じだった。強い指導力を発揮しても、部下である相手の意見が正しいと思えば、素直に『すまん。その通りだ』と受け入れる懐の深さがあった。強い人だっただけに、その素直さに誰もが参ってしまうんだ。人たらし、人心掌握の神髄ということでもあった」

やはり〝実る穂はこうべを垂れる〟ということである。心したい。

「感謝の一言」が自然に出るか否か

筆者は若い頃、政治評論家の岩見隆夫から、こんな話を聞かされ納得したことがある。筆者自身もすでに田中角栄に興味を持ち、その演説、スピーチをだいぶ耳にしていたからだった。

「参院議員をやった中山千夏（元タレント）は、かなりリベラルな考えの持ち主で、一般的には〝角栄嫌い〟として知られていたが、ある日、田中の演説を目の当たりにして見方が一変したと言っていた。田中の話は全力投球で、決してひけらかすことがなく、難しい事柄も誰もが理解できるようになっているから、聞いているうちに、つい、なるほどと取り込まれてしまったそうなんだ。

彼女は『田中さんは、凄いね。なんだかんだしゃべっているうちに、最後は私なんかでも共感させちゃうんだから』と言っていた。考え方がいささか違っている人たちでさえ、自分の土俵に引きずり込んでしまう〝共感力〟の巧みさは、改めて田中ならではということだった」

つまり、田中が醸し出す「共感力」は、相手に対して嘘がない、発する言葉に計算、術策がない真剣勝負のたまものでもあった。ために、例えば部下が心酔する要因の一つとなり得たのである。

こんな話もある。首相官邸を守る専任の警備隊は平成14（2002）年に創設されたが、それまでは同地域を管轄している警視庁麹町警察署が担当していた。かつて筆者は、その署員から次のような言葉を聞いたことがあった。

「麹町署の警備担当者は歴代首相を見てきているが、断トツ人気は田中角栄だった。夕方に官邸を出ていくときは、誰もが出入り口の署員詰め所に向かって、車の中から手を上げるか、会釈のようにほんのちょっと顔を下げる。しかし、田中先生のそれは、なんとも心がこもっていた。

わざわざ自分で車の窓を開け、例の片手を上げるポーズで『ご苦労さん』と声をかけてくれる。だから『田中先生のためなら、もし何かあったときは、自分はいつでも命を投げ出せる』と、うなずき合っていた署員が少なくなかったものです」

また、田中派「秘書軍団」の一人が、こう話してくれたことがあった。

「田中先生と福田（赳夫）先生が激突した総裁選で、われわれは派閥議員への連絡や手紙類の整理などで、連日、深夜まで忙殺されていた。そんなとき、多忙を極める田中先生がひょっこり顔を出され、『本当に、すまんなぁ。ありがとう』と言うんです。頭を下げてですよ。

あの大実力者の先生にそこまでされたら、われわれも元気が出ないわけありません。改めて『先生を勝たせなきゃならん』と、火の玉になって頑張ることができました」

こうした田中の麹町署員、田中派「秘書軍団」への向き合い方に対し、ある日、担当記者が田中本人に聞いたことがあった。

「なぜ大実力者のあなたが、一般の人たちに『ご苦労さん』『ありがとう』などと、頭を下げるのか」

田中はサラリと、こう返したそうである。

「キミね、人への感謝の気持ちが自然に出るのは、当たり前のことじゃないのかね。その程度のことができんようなヤツが、ものになるわけがないじゃないか」

「目」と「声」は重要な武器になる

「商売でも何でも、信用を得る第一は相手の目を見て、大きな声できちんと話すことだ。キョロキョロして相手の目を見ず、声が小さいというのは信用されない」

田中角栄は人心掌握術に長けていたが、この言葉に出てくる「目」と「声」は重要な武器でもあった。

例えば、福田赳夫が政策上の問題などで田中と会う場合、「角さんとサシ（二人）での話は勘弁してくれ。あの迫力で迫られてはね…」と、逃げ腰だったことはよく知られている。田中は交渉事などの議論になると妥協は一切なし、真剣勝負で話の核心を突いてくるのを常とした。

福田としては眼光鋭く論旨明快に迫られると、つい自らの主張を引っ込めざるを得なくなるということである。

こうした例証は多々あり、大蔵大臣時代の田中が「山一證券」の倒産危機に際して、金融恐慌の回避へ向けて「日銀特融」を決断したときの場面も、いまや語り草になっている。

「山一」の主力銀行会議で、田中から救済への協力を促された三菱銀行の田実渉頭取が、返済が期待できないとしてこれを渋る発言をした。そのとき、田中は田実に目を据え、次のように迫力のあるダミ声を発したのだった。

「アンタ、それでも銀行の頭取かッ。これが（証券会社でなく）銀行の話だったら、どうするのか。やるだろう。経済が大混乱になったらどうするというのだ！」

この言葉に、田実は顔を青くして持論を引っ込め、渋々ながら協力へ翻意したという。さしもの大銀行頭取も、田中の迫力の前では軍門に下るほかなかったのである。

「握手」の効用も侮るなかれ

「目」と「声」による説得力の同列上には、一方で「握手」もあった。

田中角栄は首相に就任した直後、それまで閉ざされていた中国との関係改善を模索した結果、正常化への決断を下した。

国交回復から50年の歳月を経た現在の日中関係は、摩擦の多い微妙な状況になっている。政治の世界、国際情勢は、その時代の為政者の姿勢によって、転変していくのが常である。

先にも触れたが、時に田中は食料自給率が低水準のわが国が中国と対立を続け、紛争に巻き込まれるようなことがあれば、日本経済はもはやもたず、国民生活に多大な影響が出ることを危惧していた。このまま自給率が下がり続けた場合、仮に輸入食料が途絶えたら日本国民の半数が餓死するとの分析もあった。

そして、もう一つの背景は中国との対立を続けた場合、安全保障問題を含むすべてが米国頼みとなりかねない、つまり独立国の将来を憂慮してのことだったとされる。

のちに田中は、決断に際しての心中をこう吐露《とろ》したものであった。

「台湾と断絶してまでの決断だ。交渉に失敗した場合は日本に帰れないかもしれないと、密かに腹をくくっていた」

その田中は訪中後、周恩来首相と勝負どころの初会談に臨み、じつに力強く周の手を握った。内閣官房長官として同行した二階堂進が、帰国後に言っていた。

「握手したとき、バシッと音がした。田中さんが、なんとも力強く握ったのだ。私は、あの力強い握手が周首相に意気込みとして伝わり、その後の交渉の道筋を決めたと思っている。あれで、周首相の信頼を得たのだ」

田中は持ち前の「目」と「声」の力強さに加えて、この「握手」についても、こう言っていた。

「握手をするなら、力いっぱい相手の手を握ることだ。自分の意思が強く伝わる。お嬢さんのような握手じゃ、相手にされん。信用もされんということだ」

すべからく力強さはリーダー、上司の必須条件となる。目に力なく、弱々しい屁のような声、握手ひとつしても力強さを感じさせないようでは、例えばいくら偉そうに部下を督励しても、説得力はないと知るべしである。

古くからの俚諺《りげん》（民間のことわざ）でも、「声の大きい者が勝つ」とされているのである。

中国の北京空港で出迎えの周恩来（右）と握手（昭和47年9月）

交渉術のポイントは「相手を立てる」

心理学の概念の一つに「返報性」がある。相手に親切などをされると、それに報いる〝お返し〟の必要性を感じる一方で、嫌なことをされるとこっちも黙っていられない。何か報復したいという気持ちになることを指している。まさに〝人間心理〟ということである。

田中角栄について言えば、マイナスの意味での「返報性」とは無縁に近かった。よほどひどいことをされた相手には〝憤怒〟だが、大方は放っておいた。

ロッキード事件で何ら惻隠の情を発揮せず、自らの逮捕を〝許諾〟した三木武夫に対しても、「三木にやられたッ」と悔しがりはしたが、遺恨は持たなかったものだ。まさに、以前にも触れた「寛容の精神」ということだが、相手に対する親切でも、まず損得勘定では動かなかった。

そうした好例は、首相の座に弾みをつけるポストとなった自民党幹事長時代、野党との向き合い方に見ることができる。もとより政治家として将来を期し、野党とのパイプづくりに励んでいたが、それにおいて〝見返り〟への期待が先行したということは、ほとんどなかった。

昭和46（1971）年、時の民社党委員長の西村栄一が急逝し、民社党内はドタバタが予想された。当時、春日一幸は同党の副委員長を務めていたが、後継はこの男しかいないとにらんだ田中は、議員会館にある春日の部屋に駆けつけて言った。

「キミ、民社党もこれから何かと大変だろう。困ったことがあったら、何でも言ってきてほしい。できる限りのことはする」

結局、春日が後継の民社党委員長となり、西村の時代と比べて、野党の中でも自民党への〝協力度〟がグンと増したのは言うまでもなかった。

また、田中は「自社」対決時代の社会党に対しても、変わらぬ姿勢で臨んでいた。社会党は先の民社党以上に手ごわかったが、当時の社会党幹部の一人がこう言っていたのを思い出す。

「角さんは『困ったことがあったら、何でも言ってくれ。役に立つよ』とオープンに接してくれた。実際に党として助かったこともあるし、なかには選挙の際に何かと角さんの世話になった者もいた。

しかし、法案などをゴリ押ししてくることは一切なく、角さん流の交渉術のポイントは、常に自民4、社会6の姿勢で臨んだことにあった。もっとも、自民党の主張の根幹部分は譲らなかったが、わが党の言い分もきちんと聞いてくれていた」

徹底した「人間平等主義」がもたらすもの

ある自民党の新人議員に、こんな話を聞いたことがある。田中に自民党からの出馬を相談したところ、こう言われたというのだ。

「おまえは若いのに、なぜ自民党なんだ。自民党だって、決して十全ではないぞ。そこを是正しようという気があるかどうかだ。政治とは国民ありき、その生活ありきで、与野党の垣根にこだわる必要はない。野党を端から馬鹿にしてはいかん」

田中は国会対策のためにカネも使ったが、与野党間の垣根を取り外しての国民生活ありきがあったと思われる。

一方で、こうした言葉からは、田中が自分を決して大きく見せようとすることなく、常に「等身大」で相手に接していたことも分かる。ありのままの自分を素直に、相手にぶつけるということである。

これには、ロッキード事件公判中の昭和54（1979）年2月、当時の中曽根（康弘）派のベテラン秘書が話してくれたエピソードがある。

「わが派のある地方出身議員に面会するため、地元後援会の青年たちが上京したときのことです。もとより派閥会長の中曽根先生には会ったが、『せっかくだから何とか田中角栄先生に会えないものか』という要望が出た。すぐには無理だろうと思いつつ連絡を取ってみると、田中先生は折から風邪で39度の熱、自宅で安静にしているさなかだった。こりゃあとても無理だと思っていると、田中先生いわく『構わん。皆を目白に連れてこいッ』と許可が出た。

田中邸の庭で、まず先生は『熱はまだあるが、昔、母親がやってくれたように焼いた長ネギを首に巻いていたら、だいぶ楽になった』と話され、その後、じつに40分間にわたって、青年たちに政治のあるべき姿を諭すように話された。青年たちは先生の風上に壁のように並び、冷たい風に当てぬようにして話をうかがったものです。

あとで青年たちは、『われわれ田中派でもない議員の後援会に対して、田中先生はここまでやってくれた。こんな感激は、生まれて初めて味わった』と口々に言い合い、その興奮ぶりは大変なものでした」

心理学上の「返報性」とは無縁、正しいと思ったことは私心なく果敢に実行する。こんな人物が、どんな組織でも周囲から慕われる典型となるのは言うまでもない。

田中角栄は徹底した「人間平等主義者」であった。

本書は『週刊実話』（令和3年10月28日号〜令和4年10月6日号）
掲載の「蘇る田中角栄」に大幅な加筆修正をしたものです。

小林吉弥（こばやし・きちや）
政治評論家。1941年8月26日、東京生まれ。早稲田大学第一商学部卒業。半世紀を超える永田町取材歴を通じて、抜群の確度を誇る政局・選挙分析に定評がある。歴代実力政治家を叩き台にしたリーダーシップ論、組織論への評価は高い。田中角栄研究の第一人者として、新聞、週刊誌での執筆、コメンテーター、講演、テレビ出演など幅広く活動する。最近刊に『田中角栄名言集』（幻冬舎）、『戦後総理36人の採点表』（ビジネス社）などがある。

甦れ 田中角栄
人が動く、人を動かす
誰でも分かる「リーダー学」入門

2024年4月17日 初版第一刷発行

著　者　小林吉弥
発行者　中山二郎
発行所　株式会社 日本ジャーナル出版
〒101-8488 東京都千代田区内神田2丁目8番4号
営業 03（5289）7622
編集 03（5289）7624

装　丁　長久雅行
編　集　川越夏樹

印刷所　株式会社光邦
用　紙　北越コーポレーション株式会社

ISBN978-4-930927-19-4 C0031